ネイティブにちゃんと伝わる英語フレーズ

文：ヨーク水砂子
マンガ：佐藤 政

SOGO HOREI Publishing Co., Ltd

はじめまして、ヨーク水砂子です。たくさんの英語教本の中から、本書を手にしてくださってありがとうございます。みなさんが一番気になるところであろう、「これは一体、どんな本なのか」について、まず説明していきますね。

この本では、私が国際恋愛経験者と国際結婚をしている人々へインタビューをした内容を元に、ストーリーをマンガ仕立てにして英語のフレーズを紹介していきます。各ストーリーは、出会いや初デートなど、場面と状況ごとに章立てで区切ってあります。マンガの後には、使えるフレーズと和訳、日本人と欧米人の慣習の違いなどを紹介しました。また、息抜きとしてメールでよく使われる例文や、海外の生活状況が垣間見られるサイトなどをコラムとして掲載してあります。

英単語やフレーズは、日本語の訳と組み合わせて機械的に覚えていくよりも、状況と合わせてイメージをつかむほうが記憶に残りやすく、また応用も利きやすいものです。本書はマンガの力を借りることで、イメージや雰囲気をつかみやすくし、フレーズに臨場感を出すことができました。また、生まれも育ちも違う相手とつきあっていく上ではいろいろな壁が出てきますが、この壁は言語だけではなく、お互いの「当たり前」が違う

ことが原因になることもよくあります。そこでフレーズ解説とは別に、知っておきたい恋愛感覚や慣習の違いなども紹介させていただきました。

試験英語とのつきあいが長い私たち日本人は、つい、正解や不正解を探すクセがついているものです。でも、本来ことばというのはもっと寛大なものです。まずは「自信を持って言えるフレーズ」をいくつか覚え、自分の味方としてたっぷり使ってみましょう。あとは、相手の助け舟を借りるのも立派なコミュニケーション能力の一つということを思い出し、堂々と会話を続けていけば、使えるフレーズがどんどん増えていきますよ。

「恋愛とは人が選べるものではない。恋愛が人間を選ぶのだ」と言う人もいますが、私も同感です。すばらしい相手との出会いは、いつ、どこで待っているかはまったくわかりません。世界はますます境界が薄くなり、国境を超えて交流をする人々もどんどん増えてきています。出会いの瞬間が訪れた時には、英語の壁に制約されずに、チャンスへ飛び込んでいただきたいと思います。そして本書が少しでもみなさんのお役にたてれば、こんなにうれしいことはありません。

聞こえたでしょ！
もうウンザリなの！

新装版発行に寄せて

本書は2012年11月に『ステキな外国人に恋したら、英語がペラペラになりました。』というタイトルで出版した書籍を装いも新たにしてお送りするものです。

旧版は幸いにして多くの英語学習者から支持を受けることができました。

「今まで英語の教材を買っては挫折していたが、マンガなので最後まで楽しく読むことができた」

「学校では教えてくれない言い回しがたくさん載っていてためになった」……。

そこで今回、旧版の出版時に特にご要望の多かった、本文の会話音声を収録したCDをご用意いたしました。

本書付属のCDは、スピーキングの練習にピッタリです。私からのおすすめ学習方法を1つご紹介しますね。

まずはお気に入りのキャラクターや場面を選んでみましょう。

全部やろうとすると大変ですので、練習する場面を限って選ぶの

がコツです。そして、最初は英語の吹き出しを見ながらCDを聴いてみます。次に、ご自身でセリフを口に出してみます。声のリズムや音の感じをセリフの上にメモ書きするのも良いでしょう。これを何度もくり返します。最後は吹き出しを一切見なくても、絵を見ただけでセリフが自然と口をついて出てくることをめざします。

一緒に勉強する友だちがいたらロールプレイで勉強するのも楽しいですね。

英語と日本語は言語学的に見て遠い存在ですので、繰り返しの練習は欠かせません。イヤになったときは「継続のパワーは、忘れたころに味わえる」という事実を、ぜひ思い出してみてくださいね。

今回の新装版も、みなさまが楽しく英語学習を続けられる教材として大いに活用していただけますように。みなさまの国境を超えたご活躍を、アメリカの田舎から祈っています。

2016年7月吉日　ヨーク水砂子

付属CDについて

付属CDには、本書のマンガと関連表現（一部を除く）の英文が音声で収録されています。
各シーンごとにトラック分けされていますので、繰り返し聴きたい箇所を頭出しすることができます。トラックナンバーは以下のとおり本書の該当ページにつけられているマークでご確認ください。

[CD制作スタッフ]
Voice actor & actress:
Ren Wong, Geoff Hash, Chris Moyer, Ellie Shin,
Nasir Nadia Carla, Emi Yonekubo,
Kaho Chonan, Yukina Mori, Masanori Ishii

Directed by Kaz. Konishi(TOKYO SEIYU SCHOOL)
Recorded and Mixed by Masahiro Miyata(APPLE PAINT FACTORY)
Thanks to CAPLAN Corporation J-Presence Academy,
TOKYO ANIMATION COLLEDGE

Stage2
初デート…57
—成功編— —迷子編—

♥ デート前の確認
♥ デートの始まり
♥ お礼
♥ 次のデート

Stage3
親密なデート…77
—成功編— —失敗編—

♥ デートコースを決める
♥ 返事
♥ デートコース
♥ デート中のリクエスト
♥ 魅力を伝える
♥ 性格を褒める
♥ 楽しい、嬉しい
♥ 同意

Stage4
告白…97
—成功編— —撃沈？編—
♥ 恋は盲目
♥ 二人の間柄
♥ 恋愛感情のレベル
♥ 親しい呼び名
♥ つきあいの深さ

CONTENTS
もくじ

Prologue
運命の出会い…16
- 初めの一歩
- きっかけをつかむ一言
- 話を切り出す
- 近寄るきっかけ
- 職業の会話
- 出身地、住まい
- 別れ際のフレーズ

Stage1
デートのお誘い…37
―成功編―　―失敗編―
- 週末って何してる？
- 趣味は何？
- どんな家族？
- 性格や好み
- お互いの恋愛観

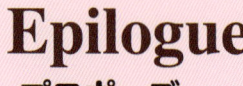

Epilogue
プロポーズ…177

♥プロポーズ
♥リアクション
♥友人に伝える
♥結婚式前のイベント
♥結婚式
♥マリッジブルー
♥結婚・家族
♥子どもについて

デートに誘う…Yes or No…54
待ち合わせ場所にたどり着けるかな…73
レストランでの楽しいひと時…74
センスをほめる…94
ボクとつきあってください…114
体の名称…134
困難を乗りこえる…154
ふたりで暮らす…174
結婚披露宴…196

Column 日本にいながら海外の人と出会う方法…55
感覚があべこべ？バレンタインデーとクリスマス…75
Girls night out 〜英語で女子会〜…95
ネットや携帯の"texting"でよく使われる用語・略語一覧…116
メールでちょっとした気持ちを伝える…135
各国の最新恋愛事情がよくわかる雑誌、雑誌サイト…156
各国の最新恋愛事情がよくわかるネットメディア…176

Stage5
夜の英会話…117
―成功編― ―未達成編―
- ♥ ベッドに誘う
- ♥ リアクション
- ♥ Sex   ♥ 快感
- ♥ 要求   ♥ 避妊
- ♥ 妊娠

Stage6
ケンカ・トラブル…137
―乗り越える編― ―炎上編―
- ♥ 浮気をする   ♥ 不信感
- ♥ 話し合い   ♥ ケンカ
- ♥ なだめる   ♥ 仲直り
- ♥ 別れを告げる ♥ 別れる理由

Stage7
一緒に暮らす・同棲…157
―成功編― ―多難編―
- ♥ 同棲
- ♥ 返事
- ♥ 家事分担（頼む）
- ♥ 家事分担（提案）
- ♥ 気遣い
- ♥ 相手の家族に会う
- ♥ 金銭感覚
- ♥ ライフスタイル、人生観

エイコ
海外からの注文もバリバリこなす営業ウーマン。学生時代に交換留学の経験アリ。ハワイ・バリ・サイパンなどの南国の島に旅行に行くのが好き。同じ会社に勤めるカズミのよき先輩。

Andrew アンドリュー
アメリカ、NY出身。遊びに来た東京がいたく気に入り、英会話講師の職を得る。おしゃれが大好きで、国籍を問わず美女を見かけたら目で追ってしまう遊び人。

Jessica ジェシカ
アメリカ、シアトル出身。米国大手ソフトウエア企業の日本支社設立の立ち上げメンバーに立候補。イタズラ好きな女の子で、多趣味な行動派。

ヒデオ
IT企業に勤務。職場ではあまり目立たない存在だが、仕事の終わった後にSNSサイトを使って交友を広げている。海外留学経験はないが、独学で英語を習得。

登場人物紹介

Amanda アマンダ

カナダ、バンクーバー出身。日本文化研究員をしている。ちょっと天然で独自の世界観を持つ。「公私」のギャップが半端ない。趣味は読書。

カズオ

配送会社のドライバー。英語は苦戦しながらも独学で勉強中。近いうちにアメリカ大陸を横断したいと思っている。スポーツ大好き。

Brian ブライアン

アメリカ、ウィスコンシン出身。外資系企業の人事部勤務。マジメで優しい性格が社内で評判。仲の良い弟 "Ben"(ベン)がいる。

カズミ

エイコと同じ会社の人事部で働く、おっとりタイプの女の子。内気で恥ずかしがり屋なところもあって、なかなか英語が上達しない。実は良家のお嬢さん。

－マンガ－

マンガは「右ページから左ページ」に、「上から下・右から左」に読んでいきます。

セリフ（英文）には、日本語訳を併記しています。

本書の読み方・使い方

― 解説 ―

そのステージで使いたい「グッ」とくるフレーズ

そのステージで知っておきたいこと

ボキャブラリーのカテゴリー

マンガのなかで使われた注目フレーズ

15

Prologue
運命の出会い

- ♥初めの一歩
- ♥きっかけをつかむ一言
- ♥話を切り出す
- ♥近寄るきっかけ
- ♥職業の会話
- ♥出身地、住まい
- ♥別れ際のフレーズ

Love communication Prologue
Encounter
運命の出会い

Explanation ～出会いをチャンスにつなげる～

英語圏の人は、見知らぬ相手同士でも実に気軽に会話を始めます。日本（特に都市部）では、見知らぬ人に急に声をかけられれば身構えてしまいがちですが、これは単なる慣習のちがい。店員がいきなり世間話を始めるとか、電車で隣に座った見知らぬ人が「今日は空いているね」などと話しかけてくるのも、英語圏ではごくごく日常のできごとです。話しかけられたら、気軽に会話を楽しんでみてください。こちらから会話を切り出す場合は、相手と目が合ったときがチャンス。ニッコリ笑顔で、天気の話、相手の持ち物や髪などを褒めるなど、軽い話題で会話のきっかけをつかんでみましょう。

Pick Up

Can I buy you a drink?
一杯おごろうか？

"a drink" は、アルコール飲料のことを指します。アルコールに限らず「何か飲む？」というときは、"something to drink" を使います

What do you do?
仕事は何を？

"What is your job?" は文法的には正しいのですが、普段の会話では滅多に使われません

Can I friend you on Facebook?
フェイスブックで「友だち」になってくれる？

"friend someone" は最近よく使われるようになったオンライン造語です

鉄板フレーズ ♥

…あいさつから会話へ進めるひと言…

★ **You look familiar. Have we met?**
見覚えがあるような。どこかで会ったっけ？

★ **You have beautiful hair.**
キレイな髪だね

★ **Have you been working out?**
エクササイズしてるの？健康的な体形を褒めるニュアンス

初めの一歩

♥ **Hi.**
やあ／こんにちは／どうも

♥ **How's it going?** *
調子はどう？

♥ **How you doing?**
調子はどう？ "are"を省く言い方が定番

♥ **Pretty good.**
なかなかいいよ

♥ **Not too bad.**
悪くないよ

♥ **And you?**
あなたは？ "Not too bad, and you?" のように使います。

きっかけをつかむ一言

♥ **Do you need help?**
お手伝いしましょうか？

♥ **I love your shoes!**
ステキな靴ね！

♥ **After you.**
お先にどうぞ

♥ **Oops! I'm sorry.**
おっと！ごめんなさい（軽くぶつかった、足を踏んだ場合など）
（返事例）That's all right. いいんですよ

*"How's it going?" や、"How you doing?" などは決まり文句。
返事もサラリと "Pretty good." や "Not too bad." がよく使われます。

話を切り出す

♥ **Nice weather!**
いい天気！

♥ **It's really coming down!**
土砂降りだよー！

♥ **Fantastic turnout, isn't it?**
盛況ね（混雑しているコンサートやイベント会場などで）
（返答例）It sure is.　そのとおりですね
I know. まったくですね

近寄るきっかけ

♥ **Is this seat taken?**
この席、誰か座ってる？
（返答例）No. Go right ahead. いえ、どうぞ

♥ **May I share the table?**
（すでに座っている人に対して）相席しても構いませんか？
（返答例）Sure. いいよ　Absolutely! もちろん！
満面の笑顔ではっきり答えることで、" Sure " でも
「もちろん！」の意味になります

職業の会話

♥ **What do you do?**
仕事は何をしているの？ **

♥ **I'm a Web-Designer.**
Web デザイナーです

♥ **I'm a systems manager.**
システムマネジャーです。

♥ **I'm in sales.**
営業畑です

♥ **I work in an office.**
事務仕事をしています

** 英語圏の人は、勤め先よりも職種を紹介することが多いです。
ただ、聞き手も知っているような会社や店であれば、会話が広がるきっかけになるでしょう。
*** 賃貸住宅はアパートとマンションの区別をせずに "apartment"、
分譲マンションは "condominium" と表現します（英語の "mansion" は大邸宅の意味）。

 **出身地、住まい**

- **Where are you from?**
  どこの出身ですか？
- **What brings you here?**
  どうしてこちらに？
- **What's your hometown like?**
  あなたのふるさとはどんな感じですか？
- **How do you like living in 〜 ?**
  〜の住み心地はどうですか？
- **How's your commute?**
  通勤はどんな感じ？

 **返事 (出身地、住まい)**

- **I'm from 〜 .**
  私は〜出身です
- **My hometown is famous for rice farming.**
  私のふるさとは米の産地として有名です
- **I was born and raised in Tokyo.**
  生まれも育ちも東京です
- **I live close to work.**
  職場の近くに住んでいます
- **I have a long commute.**
  長距離通勤なんです
- **I live in a studio type apartment.**
  ワンルームアパート（マンション）に住んでいます ***

 **別れ際のフレーズ**

- **I gotta run.**
  もう行かなくちゃ（"gotta" は "have to" の口語）
- **I enjoyed chatting with you.**
  あなたとのおしゃべり、楽しかったよ
- **It was nice meeting you.**
  お会いできて良かった
  （返答例）You, too.　こちらこそ
  [it was nice to meet] you, too の省略形、決まり文句
- **See you later.**
  じゃあまたね
- **Take care.**
  じゃあね、元気でね

Stage 1

デートのお誘い
―成功編―
―失敗編―

♥週末って何してる？
♥趣味は何？
♥どんな家族？
♥性格や好み
♥お互いの恋愛観

CD 6

♥「デートのお誘い」―成功編―　エイコ　アンドリュー

So, how do you like to spend your weekend?
ねえ 週末はどうやって過ごしてる？

Sorry?
え？

That's my zodiac sign.
私の星座よ

※イメージです

Well, I'm a typical Aries woman. So, I always find something to keep me busy.
私は典型的なおうし座女だから いつでも忙しくしてるわ

CD 6

stage 1

Here is my work.
これ 作品だよ
Aries people are very active and outgoing. How about you? Any hobby?
おうし座は活動的で外交的なの あなたは？ 趣味なんかあるの
I'm really into photography.
今 写真がマイブームなんだ
Thank you.

Wow.
You must have a lot of romance in your life.
わぁ ロマンスの多い生活しているみたいね
Not really.
そうでもないよ
Whoa, she is gorgeous. Is she a fashion model or something?
ウォー この人ゴージャス 彼女 モデルかなにか？
ちょい
ちょい
ズッ
I'm looking for a serious relationship.
真剣な交際を探しているんだ
きゅ

?
Um, Eiko.
Do you come here often?
あの エイコ
ここには良く来るの？
Well, once per month
at the very most.
そうねえ
多くて一か月に一度ってところかしら
ぎゅっ
Oh, yeah?
へえ そうなの？

I got lucky tonight, then.
じゃ 僕は今夜はついてたな

You seem like a fun and nice person.
君は楽しくてステキな人って感じ

Uh,
えっと

well...
あの…

I wanna get to know you better.
僕もっと君の事知りたいな

stage 1

Great!
良かった！

I was wondering if you'd like to go out with me?
もしよかったら僕とデートしてくれないかなって思って

Sure.
もちろん

That would be nice.
すてきね

Here is my phone number.
これが僕の電話番号だよ

I know a very good Thai restaurant.
すごくおいしいタイレストランを知ってるんだ

Sounds great!
いいわね！

CD 7 ♥「デートのお誘い」―失敗編―　アマンダ　カズオ

あれ 彼女は…

Hey, Amanda!

Oh, Hi. Kazuo. What a coincidence!
まあ ハァイ カズオ 偶然ね！

You know, I'm a bookworm.
いやあ 私 本の虫なのよ

Uh, so, what are you doing here?
えっと あの ここで何してるの？

…へ？
虫？本？
Oh, it means I love reading.
ああ 本を読むのが好きって意味よ
あ なんだ そういうことか
What kind of books do you like?
どんな本が好き？
どんな本が好き？は コレだっけな
みてみてー
I enjoy novels. Oh,here is my favorite.
小説が好きよ
ああ これが私のお気に入りなのよ
ずるっ
Whoops!
おぉ～っと！
バラ
バラ
バラ

あれ	ありゃあ ぶちまけちゃったねえ

Yes, I have two brothers.
そう
兄弟が二人いるのよ

これ your family?

This is my Mom, Dad, and my baby brothers, Tom and Michael.
これが母 父
そして弟たち トムとマイケルよ

Thanks. How's your family like? Do you have brothers or sisters?
ありがと あなたの家族ってどんな感じ？
兄弟とかいるの？

へえ ナイスだね
"They look nice."

これで良いんだよな。

Oh, you're the only child.
えっと
おれ一人っ子
Child. Me. Only.
これでわかるかな
へえ
そう言うのか
Where do they live?
親御さんはどこに
住んでいるの？
でも親が厳しくてね えーと
My parents are strict でね
甘やかされてはいないんだよな
PPP
パン
パン
You've Got Mail
じ
…

Dinner together? Tonight?
夕飯を一緒にどう？
今夜は？

Uh, so, Amanda,
えっと、あの、アマンダ

I'd love to.
いいわね

But I have to go pretty soon.
でも私もうすぐ行かなきゃいけないの

へ？
Rain?
雨って？

Can I take a rain check?
また誘ってくれる？

stage 1

See you later, Kazuo!
またね カズオ！

I mean, not today. Maybe some other time. I have to go.
つまり 今日じゃないって意味
また別の時にね
もう行かなきゃ

〜しおり

勉強
しとこっと

いやー
いきなり夕飯は
まずかったかー
コーヒーにしとけばよかった…。

Love communication 01

Asking out
デートのお誘い

> Oh, Hi, Kazuo. What a coincidence!
> まあ ハナイ カズオ 偶然ね!

> ?

> Whoops!
> おぉーっと!

Explanation ～もっと仲良くなりたいな～

告白・つきあう・デートする、という日本人にとって慣れ親しんだ感覚とは少々違うのが欧米のデートシーンです。欧米では、出会いの後、お互いの相性を見るためにデートをし、それからオフィシャルな関係（恋人関係）に入っていくか判断するパターンが一般的です。この期間は "dating" と呼ばれ、いわばおつきあいのお試し期間ですので、複数の人とデートをする人もいます。出会った相手と会話が弾んだら、このお試し期間の慣習があることを頭の隅に置いて、気軽に誘ったり誘いに応じたりしてみましょう。

Pick Up

I was wondering if you'd like to go out with me?
もしよかったら僕とデートしてくれないかなって思って
"I was" と過去形を使うことで、口調を和らげる効果があります。
過去形にして尋ねると、要求や質問の直接的なニュアンスが和らぎます

I have two brothers/sisters.
兄弟／姉妹が二人いるの（歳の上下は限定なし）
兄弟の有無は "have" を使って表現します

I'd love to, but I have to go pretty soon.
いいわね、でも私もうすぐ行かなきゃいけないの
形容詞の前に "pretty" を使うと「かなりの（形容詞）」という意味になります

鉄板フレーズ♥

…「ドキッと」してしまうお誘いフレーズ…

★ **Are you here with someone?**
だれかと一緒に来てるの？

★ **I wanna get to know you better.**
もっと君の事を知りたいな　"wanna" = "want to" の口語

★ **I'd like to take you out.**
君をデートに連れて行きたいな

週末って何してる？

♥ **How do you spend your weekend?**
週末ってどんなことをしているの？

♥ **I usually sleep in on weekends.**
週末はたいていゆっくり寝るんだ
"sleep in" で、休日などにゆっくり寝る、の意

♥ **What is your ideal weekend?**
君にとって理想の週末って？

♥ **I like to chill at home.**
家でノンビリするのが好き

♥ **Going out with friends is fun.**
友だちと外出するのは楽しい

趣味は何？

♥ **What is your hobby?**
趣味ってなあに？

♥ **I'm into photography.**
写真がマイブームなんだ　マイブームは和製英語

♥ **I'm a bookworm.**
私、本の虫なの

♥ **I love anything outdoors.**
アウトドア系ならなんでも大好き

♥ **I used to skateboard.**
昔はスケボーをしていたよ（今はしていない）

どんな家族?

- **What's your family like?**
  あなたの家族ってどんな感じ？*
- **I'm from a big family.**
  大家族の出身なんだ
- **Do you have any brothers or sisters?**
  兄弟いる？
- **I'm the only child.**
  一人っ子なんだ
- **I'm the second from the oldest.**
  上から二番目なんだ

性格や好み

- **I'm easygoing.**
  私は気楽者
- **I'm terrible at names.**
  名前を覚えるのが苦手なんだ
- **I'm spontaneous.**
  「思いついたら即行動」というタイプ
- **I like to try new things.**
  新しいことを試すのが好き
- **I'm a regular guy.**
  ぼくはごくフツーの人間だ

お互いの恋愛観

- **I just got out of a bad relationship**
  ろくでもない関係から抜け出したばかりなんだ
- **I'm not ready for a date yet.**
  まだデートをする気にはなれないんだ
- **I don't like blind dates.**
  ブラインドデートは好きじゃないね**
- **I want romance.**
  ロマンスが欲しいんだよ
- **I'm ready for a serious relationship.**
  マジメなつきあいをする準備ができているんだ

---

* 相手をよほどよく知らない限り、年齢や宗教などについて質問するのはタブーです。
軽い会話にとどめて無難な会話を楽しみましょう。
**"blind date"（ブラインドデート）とは、友人や知人などの紹介で、
当日まで面識の無い二人がいきなりデートをする方法です。紹介者はデートには同席しません。

会話で役立つ"ちょっとした"ひと言

表現に"一味"加えるひと言

- ♥ Actually,　実はね
- ♥ 〜, though　〜なんだけどね
- ♥ I guess 〜　〜なんだろうね
- ♥ a bit　ちょっと
- ♥ kind of　〜ちょっと、〜のような
- ♥ It's like a 〜 .　〜みたいだ　（例）It's like a puzzle. パズルみたいだ

会話がはずむ相づち

- ♥ Sounds nice.　いいねぇ
- ♥ That's great.　すごいね、すばらしいね
- ♥ That's funny!　おもしろいね！
- ♥ Oh?　へぇ（感心）
  表情や言い方によっては、「ええ？」「え、そうなの？（驚き）」など意味が変わります。
- ♥ uh-huh　ウン、まあね
- ♥ You're lucky.　いいなぁ　　"How envy you"（なんてうらやましい）より軽い表現

沈黙を避ける、つなぎのことば

- ♥ um…　えっと、あの…
- ♥ Well,　えっと、さて…
- ♥ Let me see...　えっと、そうねえ…
- ♥ so, uh...　つまり、えっと…
- ♥ So...　ところで…
- ♥ You know,　えー、ほら、あの…

頻度の表現

- ♥ I always drink coffee in the morning.　毎朝コーヒーを飲むんだ
- ♥ I usually wake up at 6:00 a.m.　たいてい6時に起きるよ
- ♥ I often go to gym after work.　よく仕事の後でジムに行くんだ
- ♥ I sometimes drive a car.　時々車の運転をする
- ♥ I rarely fight with my family.　めったに家族とケンカしないんだ

単語が持つ頻度のイメージ

never	rarely	sometimes	often	usually	always
↓	↓	↓	↓	↓	↓
0%					100%

日本語の「いつも」は、"always"よりも軽くて、"usually"程度の感覚です

デートに誘う…Yes or No

デート成立

Do you wanna grab a cup of coffee sometime?
そのうちコーヒーでもどう？

Yes! Definitely!
うん！　もちろん
I'd like that!
いいわね

Let me buy you lunch sometime.
そのうちお昼をごちそうさせてよ

That would be nice.
すてきね
Sounds great!
いいねえ！

デートおあずけ

Let's go for a drive tomorrow.
明日ドライブに行こうよ

I'd love to, but I have plans already.
ぜひそうしたいけど、予定が入っちゃってるの

Hey, you wanna hang out with me?
ねえ、ぼくとブラブラしない？

Thanks, but I'll pass.
ありがと。でもパスしとく
Well, maybe some other time.
えっと、また別の機会にね

日本にいながら海外の人と出会う方法
01

英語喫茶に行く

お客として参加するだけではなく、店舗でのボランティアを募集している場合もあります。講師陣との会話チャンスが増えるかも？
♥英会話喫茶グリーンカフェ　http://greencafe.jp/ など

国際パーティに参加する・日本語を教える・習い事をする

日本に在住している英語圏の人向けの情報誌・情報サイトには、出会いのチャンスになる情報がたっぷりあります。"Events"（イベント情報）"Language Exchange"（お互いの母国語を教えあうランゲージエクスチェンジ）"Lessons Offered/Wanted"（教えます／教えてください）などの項目をチェック。
♥ひらがなタイムズ　http://www.hiraganatimes.com/index-j.html
♥ Metropolis　http://metropolis.co.jp/
♥ Tokyo Notice Board　http://www.tokyonoticeboard.co.jp/

国際交流パーティに参加経験アリの A.S さんのレポート

私には「ひらがなタイムズ」が相性がよかった。入り口はわかりにくいし、華やかなパーティではないが会費も安いし、こじんまりして相手との会話に集中できた。近くにシェアハウスがあって、そこから参加している英語圏の人もいて、シェアハウスの人とも仲良くなれた。

日本にいながら海外の人と出会う方法
02

地域のボランティアに参加

国際交流センターではボランティアを募集していることがよくあります。
港区国際交流協会　http://www.minato-intl-assn.gr.jp/
大阪国際交流センター http://www.ih-osaka.or.jp/

国際交流センターが募集している日本語カンバセーションパートナーを経験した Hiromi さんのレポート

私は日本語で書かれたメールマガジン、相手は BBC 英文ニュースの抜粋を使って、お互いの母国語を教えあいました。この後でカナダ留学をしたのですが、この時のパートナーの実家でホームステイをできることに。すごく楽しいおつきあいが続いています。

サークルやオフ会に参加・主催

同じ趣味を持つ人々が集まっている地域別イベント情報掲載サイト、meetup.com を利用してみましょう。興味のあるキーワード、参加したい地域を英語で入力して検索すると、近々行われるイベント候補が表示されます。また、自分でイベントを開催したり、グループを作ることも可能。積極的に利用してみましょう。アメリカでも人気のあるサイトです。
http://www.meetup.com/

オンラインデートサイトでの出会い

欧米ではオンラインを利用した出会いは、特別なものではありません。ただし、最初に会うときには昼間の時間帯を選ぶなど、安全面の責任は利用者側にあることは覚えておきましょう。
JapanCupid.com 日本人と外国人の出会いをサポートするサイト
http://www.japancupid.com/

Stage2

初デート

—成功編—
—迷子編—

♥デート前の確認
♥デートの始まり
♥お礼
♥次のデート

♥ 「初デート」―成功編―

Wow, you look amazing.
わあ すてきだね！

Sorry, I'm late.
遅れてごめんね

Hi, Jessica.
やぁ ジェシカ

Sounds great.
いいわね

No, I just got here. Well, I hope you're hungry.
いや 今来たところだよ
さて 君が空腹だといいな

The restaurant serves great food.
料理のおいしい
レストランだよ

Did you wait long?
長く待った？

スッ
ニコッ♡
・・・
Shall we?
行きましょうか？
だきっ
I... Is there any food you don't like?
き…嫌いな食べ物とかある？
Nope!
ううん！

Beer?
ビール？

I'm not much of a beer drinker, I usually drink wine.
あんまりビールは飲まないのよ　たいていワインなの

Would you like to try Sake instead?
日本酒を試してみる？

I'm game.
いいわね

Sake.

stage 2

I like the taste of Sake, it's fruity.
酒の味っていいわね フルーティだわ

It is. Be careful, though.
うん でも気をつけてね

Sake has a high alcohol content.
酒はアルコール度が高いんだよ

"Ohitashi garnish with yuzu peel".
おひたしのゆず乗せ

What did she say?
彼女 何て言ったの？

It's beautiful to look at. 見た目がきれいね	**Ohitashi is a method of steeping vegetables in Dashi.** おひたしは調理法で 野菜を出汁に浸すってことなんだ

Try this simmered pork with daikon radish.
この豚と大根の煮物も
試してごらんよ

Mm, it tastes good, too!
うーん 味もいいわね！

This is terrific! Mm, mm!
The meat is so tender.
これ すごいわ！
ああ 肉がすごい柔らかい

The daikon tenderizes the pork as it cooks, while the pork flavors the daikon.
大根は豚肉をやわらかくするし
豚の風味は大根に染みるんだよ

アリガトウ
ゴザイマシタ。

stage 2

I enjoyed myself, too. We should go out again.
僕も楽しかったよ
また一緒に出かけようよ

Definitely!
もちろん！

I'm glad.
よかった

Thank you, Hideo. I had a great time with you.
ありがとうヒデオ
楽しかったわ

Give me a call! Thanks for the dinner!
電話してね！　ごちそうさま！

Squeeze♡

CD 10

♥「初デート」—迷子編—

カズミ　ブライアン

ブライアンとお茶するなんて……

自分でびっくり

よくわからないうちに 待ち合わせ場所の話になってたんだもの…

I'll be at Gin-no-suzu inside Tokyo station.
東京駅の銀の鈴で待ってるよ

It should be an easy meeting place, eh?
わかりやすい場所のはずだよね？

えっと銀の鈴ねあの…

I think so.

stage 2

Let me know if something comes up, OK?
何かあったら電話してね

Here is my number.
僕の電話番号だよ

ぼっ！

に へ ら っ

お客さまにお知らせいたします。ただいま線路内で事故があり…

にゃ

にゃ

次の駅にて30分ほど停車いたします

ん？

え〜〜

Kanda
とうきょう
The train is running about 30 minutes late.
電車が 30 分ほど遅れてるんです
I'm at Kanda.
今 神田です
Oh? OK, take the Ginza Line from there.
おやじゃあ そこから銀座線に乗って
Get off at Kyobashi Station, and call me when you get there.
京橋駅で降りたら電話してね
だ
京橋…!
ぎゅーっ
ひー
神田
三越前
日本橋
京橋

stage 2

がや

I'm at Kyobashi.
京橋駅にいます

ぷし

京橋

えと

あの人が多くて…
I'm going to walk toward you.
私 そっちに向かって歩いて行きます

All right. Use Exit five and wait there. I'm on my way.
わかったよ
五番出口で待ってて
今 向かっているから

Are you sure? OK, turn right at the exit.
ホント？　わかった じゃ出口で右に曲がって

信号…

Cross the street at the first traffic signals.
最初の信号で道路を渡ったら

Then, call me again.
電話ちょうだい

数分後…
大丈夫かしら…
あうあう
Don't worry, calm down.
心配しないで
落ち着いて
I think I'm lost. What am I going to do?
迷っちゃったみたい
どうしたらいいかしら
Just tell me what you see.
見えるものを
教えて
あたふた
Don't panic, just tell me in Japanese. I can understand.
慌てないで
日本語でいいから
ぼく わかるよ
Uh, I see, um, I can't explain. I don't know the name in English!
えっと えっと
ああ 英語で説明
できませんっ！
えとえと
Uh-huh, that's a stationary store, right?
ああ それは文房具屋だね？
えっと
田中屋と
小林画廊…
And a gallery, good, and...
それから画廊
うん それから…

電池の
残量が
少ない
です
P—!
P—!
Uh-oh, you've gone too far. Turn around and go back a bit.
おっと それは行き過ぎてるよ
ちょっと戻ってみて
わな
わな
わな
ハッ!
ばっ
ぶん
ぶん
You made it!
たどりついたね！
HA
HA
HA
ひーん
ぶあ。

Love communication 02 — First date
初デート

CD 11

Explanation 〜初めてのデート。うまく話せるかな〜

初めてのデートは国境を問わず会話がつまりやすいものですね。英語を使うならなおのこと……。そんな時は、あらかじめデートシーンで使いそうなフレーズを準備しておくのも一つの手です。例えばデートで食事に行く場合、メニューや料理の説明に使う単語を下調べしてみましょう。食べ物の話は、一度覚えてしまえば盛り上がりやすいので重宝します。また、ジェスチャーや表情もとても大切です。こちらが「少々おおげさかな」と思うくらいでも、相手にはちょうど良いくらいのことはよくありますよ。

Pick Up

This is terrific! Mm, mm! The meat is so tender.
おいしい！　うーん！　肉が柔らかい

"delicious" は間違いではありませんが、気楽な会話の中では terrific, tasty, great などの単語が良く使われます。

The train is running about 30 minutes late.
電車が 30 分遅れている

「〜が予定より遅れている」と表現したいときは、"running late" を使います

Uh-oh, you've gone too far.
あれれー、君、行きすぎてるよ

"Uh-oh" は、カッコーの鳴き声のような音程で出すと、「あらら、あれれ、おっとまずい、あーあー（残念）」という気持ちの表現になります

鉄板フレーズ♥

…相手の外見を褒める…

★ **Wow, you look amazing.**
わあ、すごいステキだ

★ **Don't you look nice?**
ステキね

★ **That color looks great on you.**
その色、良く似合うね
"color" の代わりに、shirt, dress, jacket, hat などでも使えます

デート前の確認

♥ **Are we still on for dinner tonight?**
今夜のディナーは予定通り？

♥ **Of course.**
もちろん

♥ **I can't wait to see you.**
待ち遠しい

♥ **I'll be there at 7 o'clock.**
そこに7時にいるね

♥ **Let me know if something comes up.**
何かあったら教えてね

デートの始まり

♥ **Sorry, I'm late!**
遅れてごめん！

♥ **Don't worry about it.**
別にいいって　「ごめんね」への返事

♥ **Did you wait long?**
ずい分待った？

♥ **I just got here.**
今来たばかりだよ

♥ **It's gonna be a wonderful day!**
楽しい一日になりそう！
"gonna" = "going to be" の口語

お礼

- **I had a great time!**
  楽しかった！
- **Thank you for... .**
  〜をありがとう
  （以下 "Thank you for 〜 " に続く例）
- **...the wonderful evening**
  ステキな夜を
- **...the nice dinner**
  楽しい食事、ディナーを
- **It's my pleasure.**
  どういたしまして

次のデート

- **I'll call you!**
  電話するね！
- **How about movie next time?**
  次は映画でもどう？
  "movie" は、"karaoke"," pizza" などと置き換えして利用できます
- **Great! I'm looking forward to it.**
  いいね！　楽しみにしてるよ*
- **Next time, my treat!**
  次は私がおごるよ！
- **Thanks, but I don't think we're a match.**
  ありがとう、でも、私たち相性は合わないと思う(断わりのフレーズ)

*「楽しみにする」を表す look forward to の後には、名詞か動名詞（〜ing）が続きます。
　（例）I look forward to meeting you.
　　　　会えるのを楽しみにしているね

待ち合わせ場所にたどり着けるかな

Love communication

間に合わない

I'm running late.
予定より遅れている

I can't make it on time.
時間に間に合わない

I'm stuck at work.
仕事から抜け出せない

I'll be there in an hour.
1時間後くらいにそこに行きます

opposite the park
公園の反対側

take a left at the T-junction.
T字路を左に曲がる

go over the bridge
橋を渡る

turn right at the first street
最初の道を右に曲がる

turn left at the traffic lights
信号を左に曲がる

go straight
まっすぐ進む

you're here
あなたの現在地

go along the river
川沿いに

go past the pet shop
ペットショップを過ぎる

veer off to the left
左に反れるように曲がる

T-junction
T字路

Traffic lights
信号機

One-way street
一方通行

レストランでの楽しいひと時

食感、味

flavorful≈Δ**bland**
風味の良い ≈Δ 味気ない

crunchy
カリッ、パリッとした

crispy outside and juicy inside
外側はパリっと、内側はジューシー

savory
いい風味

tender≈Δ**tough**
（肉などが）柔らかい ≈Δ 固い

chewy
もちもちとした

tangy
（食欲をそそるような）強い風味、香り

This is terrific!
これ、おいしい！

You gotta try this!
試してみて！

I don't drink alcohol.
お酒は飲まない **

That hit the spot!
これこれ！*

marinated
マリネした

grilled
網焼きの

sauté
炒めた

glazed
照りをつけた

steamed
蒸した

breaded
パン粉をつけた状態で料理した

メニュー

today's special
今日のおすすめ

your choice of 〜
〜のなかからお好みのもの

happy hour
割引時間（サービスタイムは和製英語）

complimentary 〜
〜サービス　このサービスの使い方は和製英語

served with 〜
〜付き

buffet
バイキング料理（バイキング料理は和製英語）

---

* 風呂上りのビールなどを飲んだときについ漏れるような感覚で、おいしいものを最高のタイミングで食べたり飲んだときに使います。
**"I can't drink" と言うと、「体質的に飲めない」「仕事など何かの都合で今は飲めない」というイメージ

Column

感覚があべこべ？
バレンタインデーとクリスマス
01

ロマンチックなバレンタインデー

アメリカ人にとってのバレンタインデーは、「日頃から大切に思っている人へ愛情を伝える日」という感覚で祝います。家族や友人にカードを送ったり、ちょっとしたプレゼントを添えることもありますが、やはりこの日の主役はカップルです。日本のバレンタインデーとは違い、男性が女性へ贈り物（花束やジュエリーなど）を用意して、ロマンチックなデートに誘う形が一般的です。夫婦になっても、この夜はベビーシッターを雇って二人でロマンチックなディナーを楽しむカップルが多く、あちこちのレストランで特別メニューが用意されます。このため、人気のあるレストランではバレンタインデーのディナーは数カ月前から予約の争奪戦になることも。また、カップルのための夜ということで、1月の終わりごろにはショッピングセンターの女性下着コーナーにセクシーな商品がズラリとそろいます。このように、「独り身にはつらい一日」という印象がちょっぴりあるバレンタインデーです。この日を前に、"Will you be my Valentine?"（バレンタインデーにデートしてもらえますか？）と聞かれたら、相手はあなたと親密なお付き合いをしたいと思っている証拠です。当日、カップル同士では "Happy Valentine's day" などと言いあい、バレンタインデーを祝います。

アメリカでは義理チョコの概念がないので、ホワイトデーもありません。

感覚があべこべ？
バレンタインデーとクリスマス
02

家族で過ごすクリスマス、友だちとワイワイ大みそか

アメリカのクリスマスは、家族のイベントです。遠方に住む家族も実家に帰省して祝うことが多く、日本のお正月のような雰囲気があります。クリスマスカードは、クリスマス期間の飾りつけに使われることも多いので、12月の中ごろまでには各家に届くように送ります。クリスマス当日の12月25日は祝日で、会社も店も休みになり、街中は閑散としています。一方家の中では、クリスマスの朝にはみんなパジャマのまま、クリスマスツリーの下に集めておいたクリスマスプレゼントを開け、お互いに見せ合ったりして過ごします。

クリスマスの夜は家族でごちそうをいただきますが、チキンではなく、七面鳥の丸焼きや大きなハムの丸焼きが定番です。また、日本のようなクリスマスケーキは存在しませんが、手作りのパイが食卓をにぎわせます。各自、生クリームやアイスクリームを添えていただきます。この時期は高カロリーの食事が続くので、体重が増える人が多いのですが、増えてしまった分の体重を "holiday pound" と呼びます。

また、おおみそか（New Year's eve）の新年カウントダウンの後、元旦は「単なる休日」扱いです。1月2日から会社も店も通常通りの営業に戻るアメリカでは、クリスマスツリーやクリスマスっぽい飾り付けが1月までそのまま、というのはよくある光景です。

Stage 3

親密なデート

―成功編―
―失敗編―

♥デートコースを決める
♥返事
♥デートコース
♥デート中のリクエスト
♥魅力を伝える
♥性格を褒める
♥楽しい、嬉しい
♥同意

CD 12

♥「親密なデート」ー成功編ー

アマンダ　カズオ

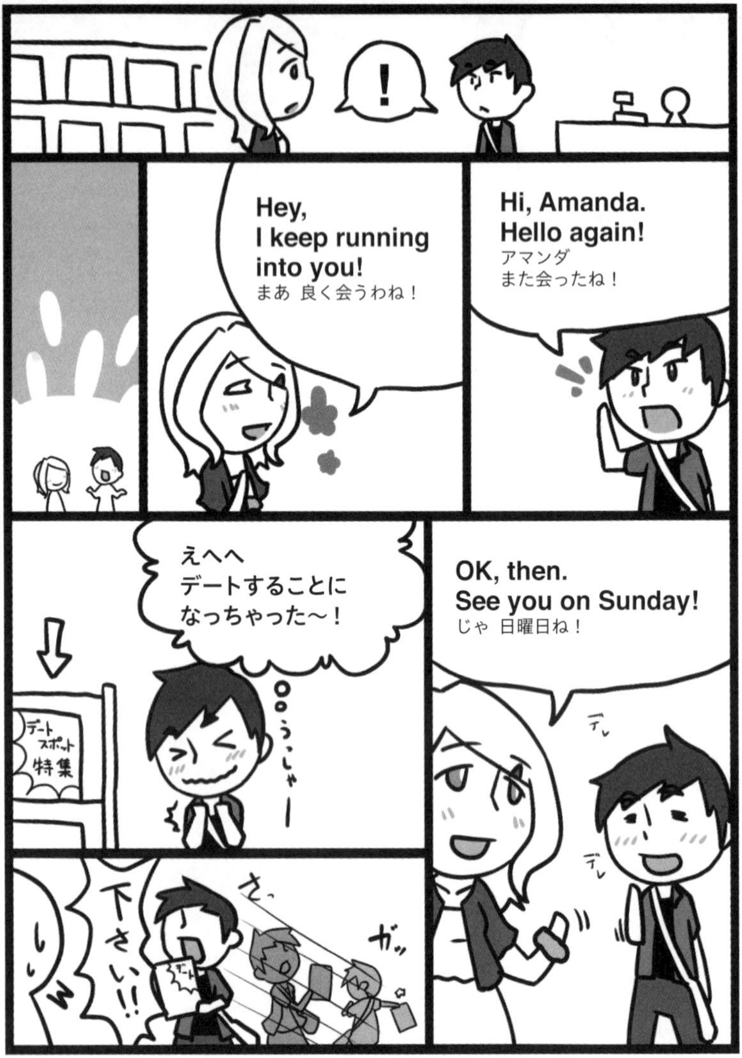

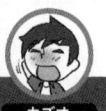

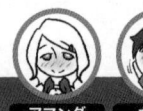

日曜日
Hi.
生きてて
良かった…
ぎゅ
パンフレット
江戸東京
Hi, Amanda.
ききき
きれいだね
Beautiful.
Yeah, It's a beautiful
day, isn't it?
うん 良い天気ね
?
あれ 天気の
ことじゃないのに
ま いっか
これパンフね

江戸東京博物館
江戸東京博物館
Wow!
I'm so excited!
わあ！
わくわくするなあ！
良かった
日本文化の研究
してるんだよね
You like Edo-era
(江戸時代).
だよね？
Ouch!
痛ッ！

stage 3

だいじょうぶ？

Oh no, what am I doing!
あーやだ 何やってるんだろう！

うわー 荷物も ぶちまけちゃって

Are you OK? Hurt?
だいじょうぶ？
痛い？

I'm OK.
平気よ

Thank you.
ありがとう

え！？ スス スウィート！？ えーっと… つまり…	**You're so sweet to me.** あなたって私にとても優しくしてくれるのね
You have beautiful ... 君はステキな…	えっと そのあった これだ！
Let's take a picture together! 一緒に写真撮ろうよ！ Sure! うん！	**Hey, look! There is a Samurai!** ねえ 見て！侍がいる！

This is fun!
楽しいね！

Let me see the picture.
写真見せて

Yes, yes... over there
…でわかるかな

Something smells nice in here.
ここ なんかいいニオイがするね

Why not!
もちろん！

Do you want to eat something?
何か食べたい？

CD 13

♥「親密なデート」ー懲りない編ー

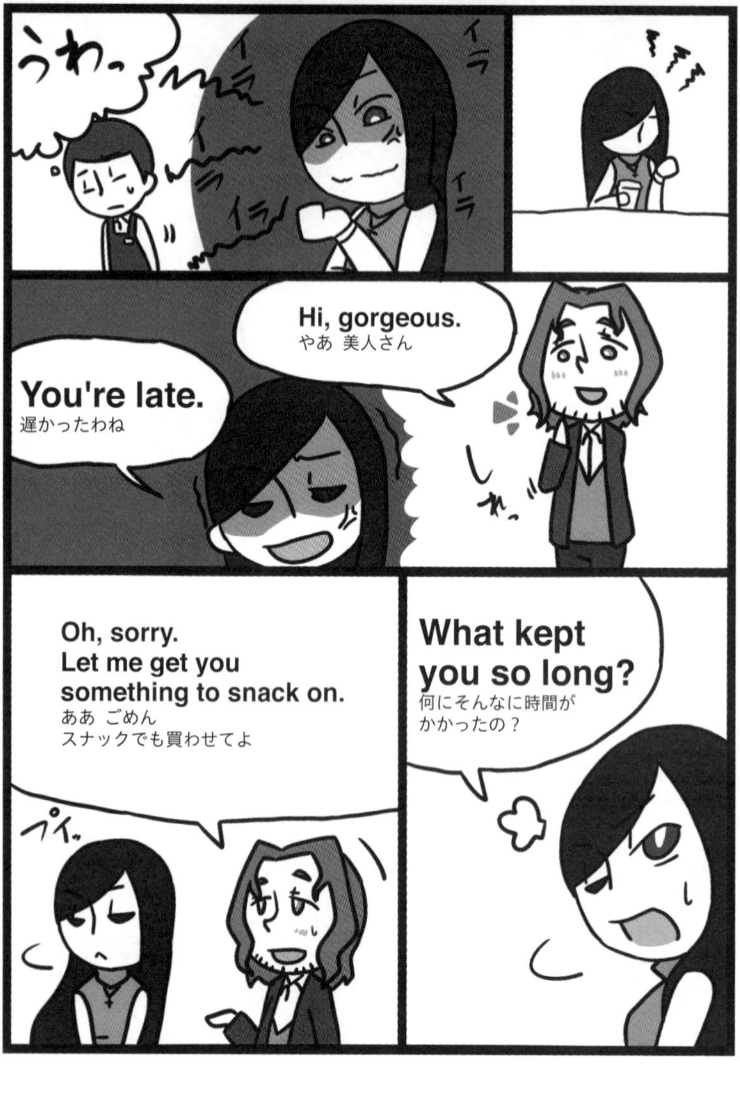

You don't need a diet. You have a nice figure.
ダイエットなんかいらないでしょう
君はスタイル良いんだから

No thanks, I'm on a diet.
いらない
ダイエット中なの

Anyway, what would you like to do today?
ところで 何する？

Well, thanks.
うーん ありがと

Um, well,
えっと うん

I, um, just... well.
僕 まあ ちょっと…

Hey, did you just check your phone?
ねえ 今 電話いじってた？

It's been crazy at work lately. I wanna go somewhere quiet today. このところ 仕事が めちゃくちゃ忙しいのよ どっか静かなところに行きたいな	So, what would you like to do? えっと 何をしたい？

Shopping? I wanna go to the boardwalk or something. 買い物？ 私 ボードウォークとかに行きたいな	Actually, I wanna go shopping. 実は僕 買い物に行きたいんだよね

Well, I found a cool vintage store, so...
えっと かっこいいヴィンテージを
扱う店を見つけたんだよね
だからさ…

Hmm. I know you have good taste in clothes.
うーん
あなた 洋服のセンス
いいもんね

**You know it.
Let's hit the shops in downtown Tokyo.
It'll be fun.**
わかってるじゃん
下町の店を見て回ろうよ
面白いよ

Let's flip a coin.
じゃ コインを
投げて決めましょ

Oh, well.
しょうがないわね

**Fair enough,
if it's heads you win.**
まあ いいよ
表ならエイコの勝ちね

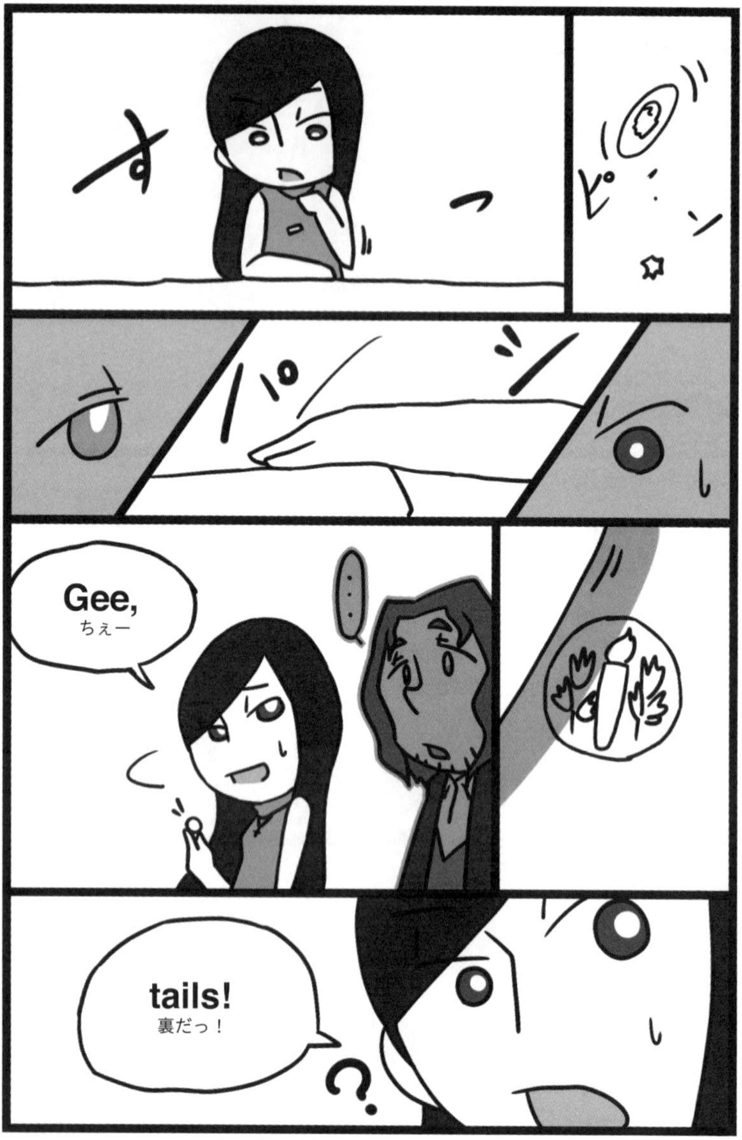
すっ
ピーン
Gee,
ちぇー
tails!
裏だっ！

Andrew!!

Oh,
あ

I wasn't checking her out.
彼女をチェックしてたんじゃないよ

she was wearing a nice watch.
I thought the watch would look nice on you.
彼女 カッコイイ時計してたから
君に似合うだろうと思ってさ

Love communication 03

Casual dating
デートを重ねる

Explanation ～お互いの仲をもっと深めたい～

欧米の人は普段から気楽に相手のことをほめますが、デート相手に対しては、さらにその傾向が強まります。ほめられたら「ありがとう」と素直に好意を受けとり、相手の良いところをほめるなどして会話を続けましょう。「そんなことない」と謙遜すると、相手は「自分の意見を否定された」と受け取ってしまうこともあります。また、デート中に何かを選ぶ場面など、日本人同士であれば潤滑油にもなる「なんでも良い」は、欧米の人に多用すると相手が困ってしまいます。「なんでも良いなら何かを選ぶ」という方向へ考え方を変えると、やりとりがスムーズに行きますよ。

Pick Up

Let's flip a coin.
コインを投げて決めようよ

意見が割れたときは、ジャンケンよりも、コインを投げて決めることが多いです。表側が "Heads"、裏が "Tails" という表現になります（人差し指をまげてコインを乗せ、親指で弾いてまわす）

I'm on a diet.
私、ダイエット中なの

「ダイエット」はしっかり日本語になっていますが、英語で言うときは "on a diet" と、前置詞も略さずに言いましょう。

I keep running into you.
よく会いますね

すでに知っている人と偶然会うことを、"run into" で表現できます。"meet" には、「初めて出会う」「約束して会う」というニュアンスがあります

鉄板フレーズ♥

…相手を褒める(性格)…

★ **You're very sweet.**
親切だね

★ **Your personality brings out the best in me.**
あなたの性格は私の一番よい所を引き出してくれる

★ **You're a genuine person.**
あなたは誠実な人だね

デートコースを決める

♥ **What would you like to do for the weekend?**
今週末、何したい?

♥ **Where do you wanna go?**
どこに行きたい?

♥ **I'd like to go shopping.**
ショッピングに行きたい

♥ **How about going to a concert?**
コンサートに行くっていうのはどう?

♥ **Let's check out the new restaurant.**
新しくできたレストランをチェックしようよ

返事

♥ **Sounds great!**
いいね!

♥ **It depends on the weather.**
天気によるね

♥ **I'm easy.**
何でもいいよ*

♥ **I'd rather not.**
どちらかというとやりたくないな

♥ **I don't feel like it.**
乗り気になれないな

*「何でも良い」という表現も紹介していますが、自分の意見を言うのも大切です。また、「言わなくてもわかるだろう」という期待は、外れる場合が多いものです。好みも意見も、ハッキリ言った方が相手には親切です。

デートコース

- **ride around the lake**
  (車やオートバイなどで)湖の周りを回る
- **walk on the beach**
  海辺を散歩する
- **stroll along the river**
  川沿いをぶらぶら歩く
- **hit the shops in downtown Tokyo**
  東京の下町の店を巡る
- **try a new restaurant**
  新しいレストランを試す

デート中のリクエスト

- **Let's take a picture here.**
  ここで写真を撮ろうよ！
- **Oh look! There is a gift shop!**
  ねえ見て！ お土産屋があるよ！
- **Let's go see it.**
  見に行こうよ
- **Let's grab something to eat.**
  なにか食べようよ
- **I need a bathroom break.**
  トイレ休憩が必要なんだ

魅力を伝える

- **You have beautiful eyes!**
  きれいな目をしているね！
  (以下、You have... に続けてのバリエーション)
- **... gorgeous hair**
  すてきな髪の毛だ
- **... a nice smile**
  笑顔がすてき
- **... good sense of humor**
  ユーモアのセンスがある
- **... a nice figure**
  スタイルいいね
  "style"(スタイル)は体形を表現するときには使いません

性格を褒める

♥ **You are honest.**
あなたは正直ね
(以下、You are... に続けてのバリエーション)

♥ **... sensitive**
感受性が豊か
"naive"（ナイーブ）は英語では、「世間知らず」の意味

♥ **... generous**
気前が良い

♥ **... thoughtful**
思いやりが伝わる

♥ **... smart**
頭の回転が速い　スマートな体型には slender を使います

stage 3

楽しい嬉しい

♥ **This is fun!**
楽しいねぇ！

♥ **It's exciting!**
わくわくする(状況だ)！状況を説明します

♥ **I'm excited!**
わくわくする！
自分の気持ちを説明。"I'm exciting!" と言うと、
「私は人をわくわくさせる人間だ！」になるので注意

♥ **It's interesting!**
それ、面白いね！（「興味深い」という意味）

♥ **This is great!**
すごいね！

同意

♥ **So do I.**
私もです

♥ **Me, too.**
私もです

♥ **Neither do I./ I don't either.**
私も〜ではない

使用例

♥ **I don't like horror movie.**
ホラー映画は好きじゃない

♥ **Neither do I.**
私も(好きじゃない)

センスをほめる

♥小物のボキャブラリ

scarf マフラー、スカーフ
"muffler" 言うと、車のマフラーを指すことが多い

purse 女性が使うバッグ
"bag" はもっと大きめのものを指す

sunglasses サングラス

earrings ピアス式のイヤリング
ピアス式でないものは、"clip-on earrings"

♥センスを褒める

You have great taste in clothes.
洋服のセンスが良いね

Fabulous choice!
ステキなチョイスね！

Cool! かっこイイ！

It's gorgeous.
（豪華なほど）ステキ

♥服の好み

I like casual clothes
カジュアルな服装が好き
以下、"I like..." に続けて

designer clothes
ブランドの服

vintage clothes
年代モノの服

second-hand clothes
古着

simple clothes
シンプルな服

♥体形を褒める

well-built がっちりした（男性）

wiry 細マッチョ（男性）

fit 健康的（エクササイズなどをしている感じ。女性・男性とも）

curvy 曲線美の（女性）

slender ほっそりした（女性・男性とも）

You're beautiful in any size! 君はどんな体形でも美しいよ！

94

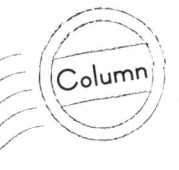

Girls night out
～英語で女子会～

01

欧米人男性とアジア系女性のカップルは多くても、その逆は少ないのが現実ですね。でも、アジア系女性を好きな男性の中には、「彼女たちはおとなしくて従順で、甘やかしてくれるという評判だから」などと、アジア系女性を十把ひとからげに考えている人もいるので要注意。一方、アジア系男性とつきあったことのある欧米の女性群は、「気がついたら恋に落ちていたのよね。人種の違いなんて考えるヒマはなかった。恋愛ってそういうものでしょ？」という方がほとんどです。以下、アジア系（日系アメリカ人を含む）男性とつきあったことのある女性たちの、気楽な集まりでのおしゃべりです。カップルで行動することが多いアメリカでは、女の子だけで出かけることを "girls night out" と呼びます。

女性だけの集まりで、恋愛観をインタビュー
- ♥ **Christine** 30歳、アメリ
- ♥ **Naomi** 29歳、カナダ
- ♥ **Debbie** 34歳、アメリカ
- ♥ **Misty** 26歳、オーストラリア
- ♥ **Ms. A** 28歳、アメリカ（ハワイ）

どんな男性が好み？

The type of guy that I like is the sweet, honest, funny type. - Christine
優しくて、正直で、面白い人がいいな。

Looks aren't important, but when a guy looks good then that's just a nice extra. - Christine
見た目は重要じゃないわ、でもカッコイイなら、それはすてきなオマケってところかしらね。

Girls night out
〜英語で女子会〜

02

理想のデートは？

Something fun and active so we both have a good time. -Ms. A.
二人とも楽しめるような、面白くてアクティブなデートがいいな。

My ideal date would be: going out together, have some drinks and some laughs, then followed by a romantic walk on the boardwalk. -Misty
理想のデートは…一緒に出かけて、飲んで笑って、それからロマンチックに遊歩道を散歩することね。

Just about anything with the right person. -Debbie
自分と相性がピッタリの人とだったら、ほとんど何でもOKよ。

今までで最高のデートは？

He opened the car door for me and there were flowers on my passenger seat. That was my best birthday. -Naomi
彼が私のために車のドアを開けてくれたら、助手席に花束があったのよ。最高の誕生日だった。

I can't say which one was the best or worse. -Debbie
どれが最高で、どれが最悪かは言えないわねえ。

Stage4

告白

―成功編―
―撃沈？編―

♥恋は盲目
♥二人の間柄
♥恋愛感情のレベル
♥親しい呼び名
♥つきあいの深さ

CD 15 ♥「告白」—成功編—

カズミ / ブライアン

とてもすてきなレストランね
It's such a nice restaurant.

Oh, Kazumi.
I missed you.
ああ カズミ 会いたかったよ

I was thinking about you a lot.
君のこと たくさん考えていたんだ

Oh...

stage 4

Um...
えっと…

I feel the same way.
私も同じ気持ちよ

It's always fun to be with you.
君と一緒にいると楽しいよ

Kazumi, I got something for you.
カズミ 君にプレゼントがあるんだ

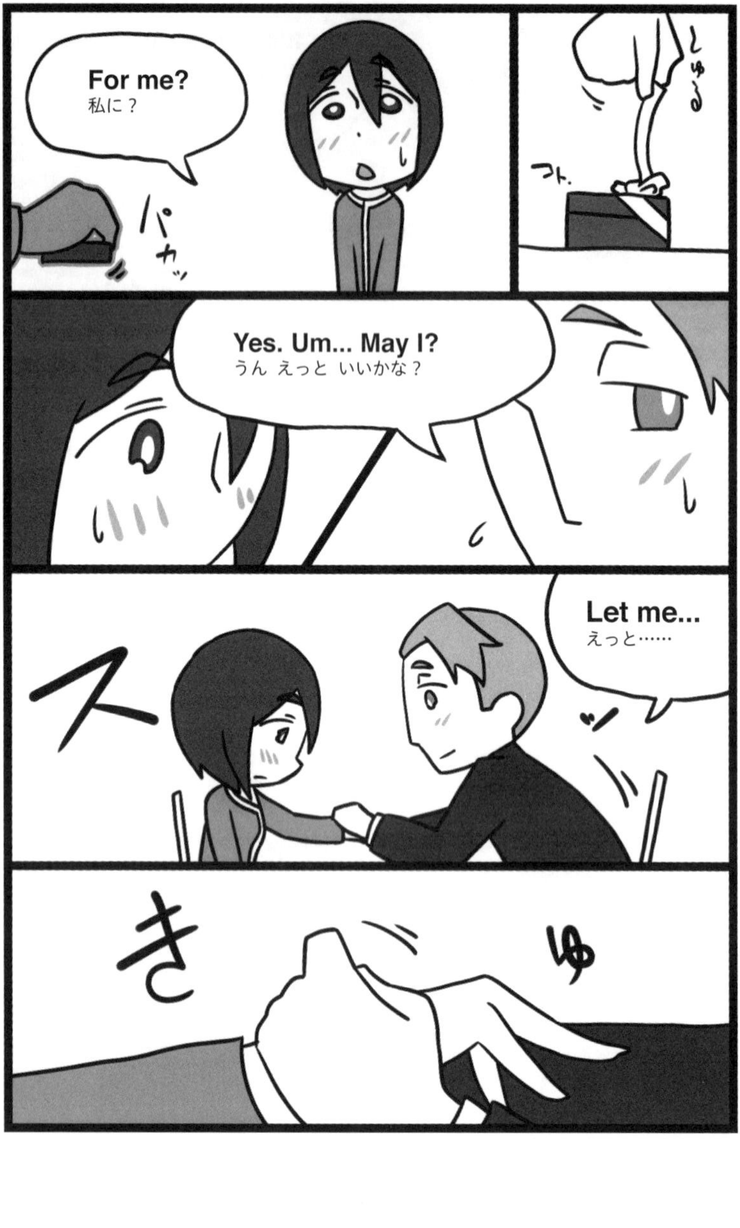
しゅる
コト.
For me?
私に？
パカッ
Yes. Um... May I?
うん えっと いいかな？
Let me...
えっと……
ス
ッ
き
ゅ

I hope you like it.
気に入ってもらえると
良いんだけれど
き
ら
Oh my, this is
so beautiful!
まあ すごくステキ！
ホ

I knew it was perfect for you when I saw it.
これを見た瞬間
君にピッタリだってわかってたよ

Thank you, but...
ありがとう でも…

Kazumi.
カズミ

Um, are you seeing anyone else?
あの 他の人とデートしたりしてる？

No...?
いいえ…？

.... ?
I may be old fashioned, but, um...
僕は古いのかもしれないんだけど
えっと……
Would you be my girlfriend?
I mean, Koibito?
僕のカノジョになってくれますか？
えっと『恋人』って意味で
Yes, Brian!
ええ ブライアン！
Yes.
ええ

stage 4

CD 16

♥「告白」—撃沈？編—

アマンダ
カズオ

カズオの部屋
ウロ
ウロ
You're SO sweet to me.
ほう
Amanda. Would you be my girlfriend?
アマンダ 僕の恋人になってくれますか？
へえ
ガールフレンドってのは
恋人の意味なのか
チラ
23
アマンダとデート!!!
よーし
次のデートで
告白するぞー！
あっ

当日
ざっ
ドーン
Hi, Kazuo!
こんにちは カズオ
Wow, don't you look nice?
わあ すてきね
チラッ
ぺらっ
※カンペ
Hi, Amanda! You look gorgeous! Thank you for being so amazing...
やあ アマンダ！
すごくキレイだね
すごいステキでいてくれて
ありがとう
キリッ

Oh my, thanks.
So, where are we going?
まあ ありがとう
ねえ どこに行くの？
I'm a lucky man!
僕はラッキーだなー！
Ah, Sushi!
I love it!
わあ おすし！
うれしい！
I'm taking you to a nice
Sushi restaurant tonight.
今夜はすし屋に連れて行ってあげるよ
Wasabi!

Uh, Amanda.
えっと アマンダ
Yes?
Well, uh,
えっと あの
じぃ じぃ
!
would you like...
もしよかったら…
スミマセーン
つきあ…
Another sake? Sure!
お酒のおかわり？
もちろん！
あれ…
Well, uh, would you like...
えっと あの
もしよかったら…
?
Um...
えっと…
アセ アセ

Sake?
I know.
Don't worry, it's coming.
お酒？ わかってるって
だいじょうぶ ちゃんと来るわよ

would you like...

お待ちー

ほら！

実は下戸

I LOVE YOU!!!
愛してますっっっ!!!

I... I...
ああ

I...
あ

Yay!!! 言えたぞー
やった!!!

108

Hahahaha, OK,
"Yay" to you, too.
はははは オーケー 君にも「わーい」だ

Kazuo? Are you OK?
Kazuo?
カズオ？　だいじょうぶ？
カズオ？

Love communication 04

Getting serious
告白

> Would you be my girlfriend? I mean, Koibito.
> 僕のカノジョになってくれますか？ えっと『恋人』って意味で

> Hahahaha, OK, "Yay" to you, too.
> はははは オーケー 君にも「わーい」だ

Explanation 〜あなたとオフィシャルなおつきあいをしたい〜

二人の相性を見るための "Dating" の期間に「もっとこの人とつきあいを深めたい」とお互いに思えるようになったら、恋人としての関係に進むのが一般的です。とは言え、しっかりとした告白をしないこともよくあります。最も大きなステップは、お互いに "I love you" を交わすこと。それまでは、当人同士でもどこか曖昧で、フェイスブックのステータスで相手が「交際中」と表示してあったので見て「ああ、彼（彼女）は私を恋人として認識しているんだ」と理解する人もいるくらいです。

Pick Up

Would you be my girlfriend?
僕の恋人になってくれますか？

日本語ではボーイフレンドやガールフレンドは男友達、女友達ですが、英語の場合は、つきあっている彼氏、彼女を指します

I'm taking you to a nice Sushi restaurant.
君をすてきなすし屋に連れて行くよ

「〜することになっている」状況を表現するときに現在進行形を使います。"I'm going to take you to.." も使いますが、現在進行形にすると実現度がもっと高い印象になります

I love you!
愛してるよ

恋人同士が初めて "I love you" を交わしあうのは、とても勇気がいるステップです（つきあいが長くなっても言い出せないカップルもいます）。ただし最初の難関を越えた後は、家族や友人に対して使うように、気軽にたっぷり使います

鉄板フレーズ♥

…「好き」と言わずに愛を伝える…

★ **You have the most wonderful smile I've ever seen.**
君の笑顔は僕が今まで見た中で最高にすばらしい

★ **I never felt like this before.**
こんな風に感じたこと今までなかったんだ

★ **You make me feel good.**
あなたは私を良い気分(良い気分、言い換えできますか)にしてくれる

恋は盲目

♥ **You're simply beautiful.**
君は美しい
(以下、You are... に続けて)

♥ **...wonderful**
すばらしい

♥ **...precious to me**
私にとってとても大切

♥ **...adorable**
可愛らしい

♥ **...the most beautiful girl* I ever met**
今まで会った人の中で最も美しい

二人の間柄

♥ **We have a lot in common.**
二人には共通点がたくさんある

♥ **I enjoy the time we spend together.**
二人で一緒にいる時間を楽しんでいるんだ

♥ **I'm very comfortable with you.**
あなたと一緒にいるのが心地よい

♥ **I feel like we've been together for years.**
私たち、何年も一緒にいるみたいに感じる

♥ **I think we're so right for each other.**
僕たち、お互いに相性ぴったりって思うんだ

---

* 口語の中では、つきあいの親しみ度で "girl" と "woman" を使い分けることがあります
("girl" の方が親しみが強い)。おばあちゃんのことでも親しみを込めて "girl" を使うこともあります。

恋愛感情のレベル

- **I have a crush on 〜 .**
  私は〜にネツを上げている
- **It's puppy love.**
  それは一時的な、ままごと程度の恋愛感情
- **I have feelings for 〜 .**
  私は〜へ特別な感情を抱いている
- **I'm attracted to 〜 .**
  私は〜に(魅力を感じて)惹かれる
- **I'm in love with 〜.**
  私は〜を(真剣に)愛している

親しい呼び名*

- **honey**
  ハニィ
- **sweetheart**
  スウィートハート
- **sweetie**
  スウィーティ
- **cutie**
  キューティ
- **baby**
  ベイビィ

*"honey","sweetie" などの呼びかけは "pet names" などと呼ばれ、愛情をこめた呼び名です。ここで挙げたものは男女双方向で使えます。カップル独特の呼び名を作ることもありますよ。

♥つきあいの深さ

	just dating	getting serious	commitment to each other
	デートをしているだけ	真剣なつきあいへと発展	恋人同士の関係になることを約束しあう

浅 ←―――――――――――――――――――――→ 深

just a friend　　　　　　　boyfriend/girlfriend
ただの友達　　　　　　　(恋人としての) 彼氏／彼女

lover は日本語の「恋人」より、もっと肉体関係のつながりが強調された表現です。

プレゼント作戦

♥プレゼントうれしい①

I've got something for you.
あなたに渡したいものがあるんだ

For me? Thanks!
私に？ありがとう！

I hope you will like it.
気に入ってもらえるといいんだけど*

Oh, I love it! You shouldn't have...!
わあ！すごく良い！ こんなことしてくれなくても良かったのに…！

♥プレゼントうれしい②

Here you are.
はい、どうぞ　手渡すときの決まり文句

What's this?
これ、なに？

Open it up.
開けてみて

What a surprise this is! I always wanted to have it!
わあ、びっくり！　これ、ずっと？欲しかったんだ！

♥プレゼント困った…

I'm sure you'll like it.
きっと気に入るよ

Thank you, it's very nice, but..., well, I already have this.
ありがとう、とてもステキだけど…。えっと、私もうこれ持っているんだよね

You like it, don't you?
それ、好きでしょ？

Gee, I don't know what to say...
うーん、何て言ったらいいんだろう…

---

*プレゼントをするときは謙遜せずに「気に入ってもらえると良いんだけど」と、ポジティブな言い方にしましょう

恋人の関係へ

I have something to ask you... Would you be my girlfriend?
伝えたいことがあるんだ…
恋人になってくれますか？

Yes! Of course! I'm very happy to hear that.
うん！ もちろん！
そう言ってもらえてうれしい

I want to take our relationship to the next level.
ぼくたちの関係を真剣なつきあいに進めたいんだ

Oh, my...! I feel the same way!
まあ…！
私も同じように感じているんだ！

ボクとつきあってください

友だちのままで

We would be great together, don't you think?
一緒になったらスゴイと思わない？

I'm not ready for a full commitment yet. Let's just be friends.
恋人としてつきあう心の準備はまだできていないんだ 友だちでいようよ

Where do you see us going? Let's be exclusive.
ぼくたち、これからどうなると思う？
恋人同士になろうよ

I just like the way it is. I want us to be casual.
今のままの状態が気に入ってるんだ
気楽なつきあいでいたいんだ

ネットや携帯の "texting"（ショートメッセージ）で よく使われる用語・略語一覧

- **24/7** ▶ "24 hours / 7 days a week" ……「いつでも」
- **a.k.a.** 又は **AKA** ▶ "also known as" ……「〜としても知られている」
- **IMO** ▶ "in my opinion" ……「私の意見では」
- **IMHO** ▶ "in my humble opinion" ……「私の（つまらない）意見だけど」
- **LOL** ▶ "Laughing Out Loud" ……「爆笑」
- **ROFL**（**ROTFL**）▶ "Rolling On (The) Floor Laughing" ……「床を転げまわって爆笑」
- **thx** ▶ "thanks" ……「ありがとう」
- **MSG** ▶ "message" ……「メッセージ」
- **OMG** ▶ "Oh my God"

"ate" と発音するものは、数字の 8 を、"for" には 4 を代用することもあります。例）gr8: "great"　l8er: "later"　4u: "for you"

顔文字 日本語の顔文字と違って、横に倒れて表現します。

:-) 笑顔　　;-) ウィンク　　:-(うれしくない　　:-D ワーイ　　;-P ベロ出し
=) ニッコリ

略語は使いすぎると嫌がられることもあります。また、"fuck" や "shit", "asshole" などは "swear word" と呼ばれ、下品な響きがあります。良識のある大人は、嫌悪する表現です。気心の知れた若者同士が仲間うちで使う表現という認識を持っておくとよいでしょう。どうしてもその文字を使いたいときは fuck → f*ck　shit → sh*t　asshole → a-hole など、使用することに躊躇している態度を文字にします。

Stage 5

夜の英会話

―成功編―
―未達成編―

♥ベッドに誘う
♥リアクション
♥Sex
♥快感
♥要求
♥避妊
♥妊娠

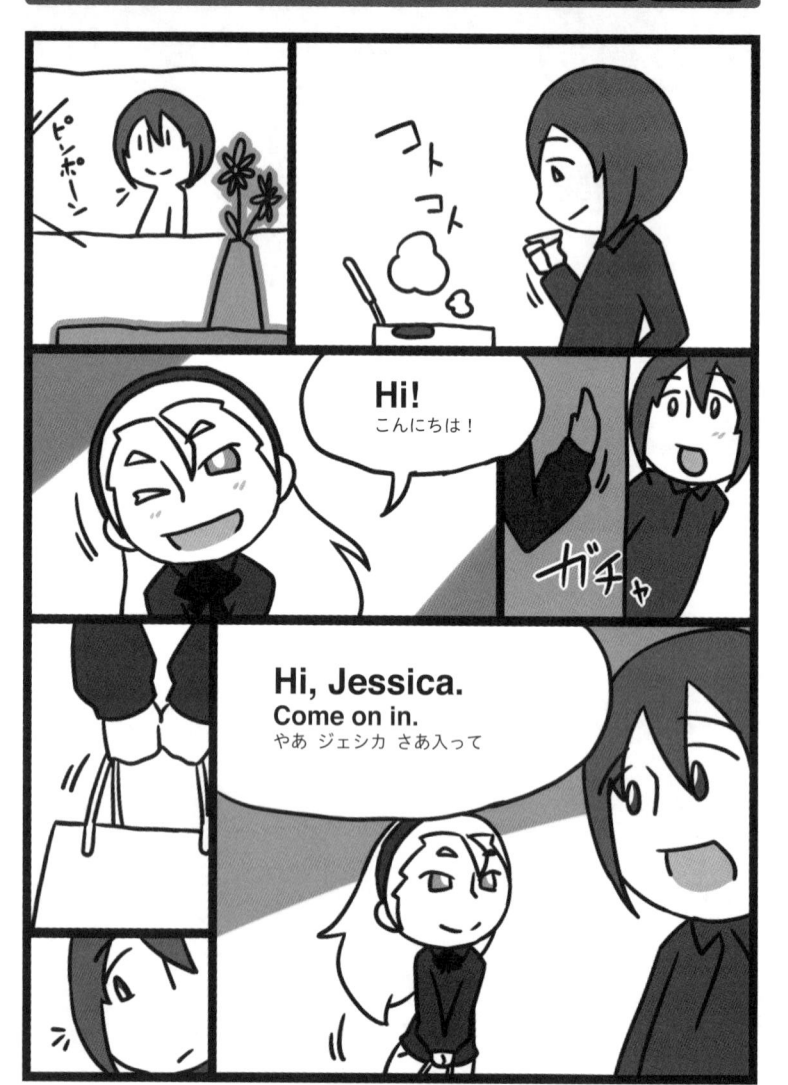

♥「夜の英会話」—成功編—

CD 18

ジェシカ　ヒデオ

Hi!
こんにちは！

Hi, Jessica. Come on in.
やあ ジェシカ さあ入って

What's in there? Is it dessert?
何が入ってるの？ デザート？

Well, you could call it that.
えっと そうとも言えるわねえ

Dinner should be ready in a few minutes.
もうすぐ夕飯が出来るからね

Oh, so do you. まあ あなたも	**The kitchen smells good.** 台所 いいにおい
You've got a little sauce right there. ここにソースがちょっぴりついてるわよ	**Oh, oops!** おや まあ！

火を止めないと…

Oh, I'm so stuffed!
ああ お腹イッパイ！

My pleasure.
どういたしまして

That was a wonderful dinner, thank you.
おいしかったわ ありがとう

So um,
ねえ えっと

Have you ever made love in the kitchen?
キッチンでセックスしたことある？

I've had such a stressful day.
すごいストレスな一日だったのよね

Whoops, oh, well, the dishes are done.
お〜っと えっと まあ 皿洗いは片付いたと

You know what would feel great?
こんなときに気分がいいのってなんだと思う？

A back rub.
背中のマッサージよ

Um... I'd love to give you one.
えっと…マッサージしてあげるよ
ぐい
ドサッ
Oh, Hideo!
It feels so good! Yes! YES!!!
Oh, that's it!
Oh, don't stop!
ああ ヒデオ！
ああ 気持ちいい！ そう そう！
ああ ソレソレ！
止めちゃダメーッ！
Oh, Jessica..
ふあさ

♥「夜の英会話」—不発編—

Wow. Look at this place.
わあ この部屋 見てよ

Yes, it's very nice.
うん とてもステキね

And we don't have to say goodbye tonight.
それから 今夜はさよならを言わなくていいんだ

It's our first night together.
一緒に過ごす初めての夜ね

You smell like heaven.
君って良い香りだ

Um, that's ticklish.
あの くすぐったいわ

Oh, you have a beautiful neck.
きれいなうなじだね

You're light as a feather.
それに 羽毛みたいに軽い

Oh, no.
いや

Please wait.
おねがい 待って

I'm so sorry!
I'm rushing things, aren't I?
ごめん！ 僕 コトを急ぎすぎてるよね？

Well, uh...
えっと あの…

We can watch movies or something.
映画とか見たっていいし
と
さっ
I'll wait until you are ready.
君が準備できるまで待つよ
um, ah,
えっとあの
No, no,
ちがうの
You’ve got... um...
えっと…持ってるかなって…

stage 5

I believe I have some. Let me make sure... 持って来たはず ちょっと確認させて…	Ah, protection! 避妊用具ね！

Geez!
しまった！

Oh well, there must be some stores in this hotel!
でも まあ ホテルの中に店があるはずだ！

Oh, Kazumi, I'll be back in a minute!
ああ カズミ
すぐに戻るからね！

ドタ
ドタ

ドガシャーン
OH! OUCH!!
わあ！ 痛いッ！

Love communication 05 — Intimacy

夜の英会話

CD 20

Explanation 〜今夜ふたりで。〜

本項では、恋愛関係を持つ男女が避けて通れないテーマではあるものの、他人には質問しにくい内容を扱います。国際恋愛の場合、肉体関係へ進むのは、日本人同士の恋愛よりも早いかもしれません。ただ「一晩一緒にすごしたから」という理由だけで恋人に昇格するわけではありません。ここは大人同士の恋愛ですから、体の関係を持つのはお互いの同意のうえで、という前提を納得しておきましょう。ことを急ぐ必要はないのですから、乗り気になれない場合はハッキリとノーを告げる、また、避妊や要望はしっかり伝える、などの意思表示ができるよう練習しておきましょうね。

Pick Up

The kitchen smells good. So do you.
台所、いいにおい。まあ、あなたもね

「あなたもね」と言いたい場合の表現です。"You are great." など、be 動詞を使った表現には、"So are you." を使って「あなたもね」と表現します

You've got a little sauce right there.
ここにソースがちょっぴりついてるわよ

「何かついてるよ」という表現ですが、ついている物を主語にしないで、相手を主語にする言い方が自然です

I'm rushing things, aren't I?
僕、コトを急ぎすぎてるよね？

付加疑問文で自分のことを言うときは "am not" ではなく、"aren't I?" を使います(過去形は "wasn't I" を使います)

鉄板フレーズ♥

…セクシーなフレーズ…

★ **I love waking up with you.**
あなたと一緒に目覚めるの、大好き

★ **Let me put my arms around you.**
腕の中で君を抱かせて

★ **I wanna make love to you.**
愛し合いたいな

ベッドに誘う

♥ **Do you wanna make out?**
イチャイチャしない？

♥ **You wanna do something?**
イイコトしたい？

♥ **Can I give you a massage?**
マッサージしてあげようか

♥ **I'm having naughty thoughts right now.**
今、イケナイこと考えているのよね

♥ **You wanna...?**
……したい？（相手や自分の体に触れながらイタズラっぽく）

リアクション

♥ **Do you have to ask?**
尋ねなくちゃだめなの？（いたずらっぽく）

♥ **Let's go to bed!**
ベッドに行こう！

♥ **I'm not ready yet.**
まだ準備ができていないの

♥ **I'm in my period.**
生理中なの

♥ **I'm too tired. Not tonight.**
疲れてるんだ。今夜じゃなくて他の夜にしよう

♥ **No means no!**
イヤなものはイヤ！*

---

* 嫌がる相手に肉体関係を強要するのは、恋人同士であってもレイプ行為とみなされます。「ノー」を伝えるときはキッパリ言うことも必要です。

Sex にかんするボキャブラリー

- **make out**
  公園や車の中など、ベッドルーム以外の場所でキスや愛撫などイチャイチャすること
- **foreplay**
  前戯
- **hickey**
  キスマーク
- **fling**
  一時的な肉体関係
- **make love**
  "sex" という直接的な単語を避けた言い方

快感

- **It feels so good!**
  それ、すごく気持ちがいい！
- **Oh, that's the spot!**
  ああ、そこ！
- **I'm coming.**
  イク
- **This is amazing!**
  なんてすごいの！
- **It makes me melt!**
  とろけちゃう！

要求*

- **Please don't stop.**
  やめないで
- **More!**
  もっと！
- **Be gentle.**
  優しくして
- **That's ticklish.**
  わぁ くすぐったい
- **Ouch, it's too rough.**
  痛い、乱暴すぎる

避妊

- **condom**
  コンドーム
- **rubber**
  コンドームのスラング表現
- **protection**
  避妊具の遠まわし表現
- **contraception**
  避妊具(やや固い表現)
- **I'm on the pill.**
  避妊ピルを飲んでいる
  "pills" は "(birth control) pills" 経口避妊薬の略
- **Please use protection.**
  避妊具を使ってね
- **Let's have safe sex.**
  (コンドームを使って)安全なセックスをしよう

妊娠

- **My period is three weeks late.**
  生理が3週間遅れているの
- **I think I'm pregnant.**
  妊娠したみたい
- **Wow! That's great!**
  わあ、すごいや！
- **Let's go to the doctor and get a pregnancy test.****
  妊娠検査を受けに医者に行こうよ
- **I'll support you whatever you decide.**
  君が決めたことなら、どんなことでもサポートするよ

* カップルごとに違いがあるのは当然ですが、避妊や快・不快に関することは、お互いの希望をしっかり伝えて関係を育てていきたいものです。
** 妊娠検査結果が陽性なら "positive"、陰性なら "negative" と表現します。

体の名称

♥体の名称

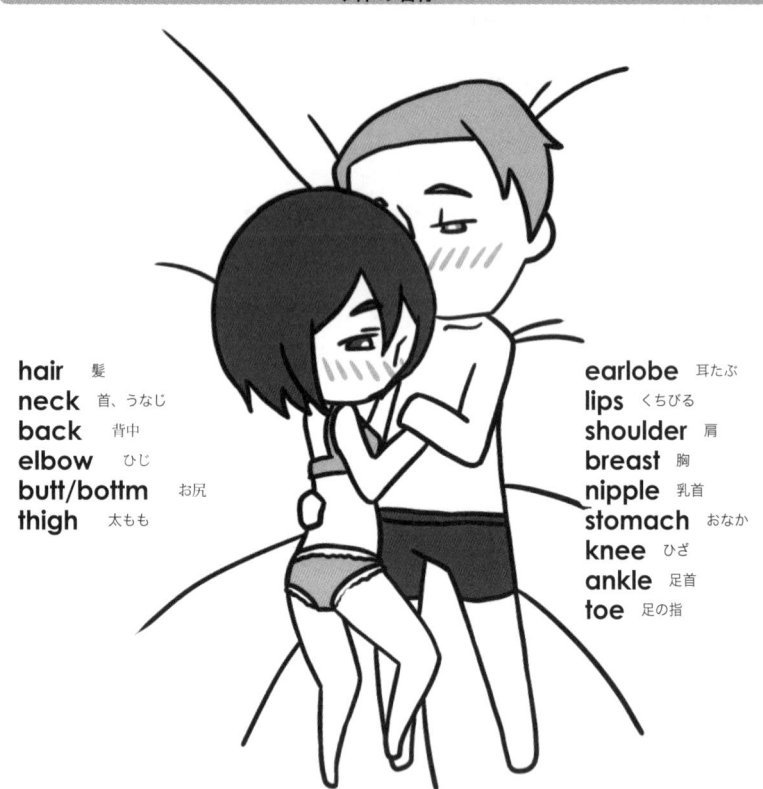

hair 髪
neck 首、うなじ
back 背中
elbow ひじ
butt/bottm お尻
thigh 太もも

earlobe 耳たぶ
lips くちびる
shoulder 肩
breast 胸
nipple 乳首
stomach おなか
knee ひざ
ankle 足首
toe 足の指

■触れる

touch 触る
caress 優しく愛を込めてなでる、愛撫する
stroke 優しくなでる
lick なめる
cuddle 優しく寄り添う
whisper ささやく

Column

メールでちょっとした気持ちを伝える 01

定番の書式

Hi Linda, ← Hi や Hello + スペース + 相手の名前 + コンマ

Thank you so much for the dinner. Everything was outstanding and I enjoyed it so much. Can't wait to get together again soon. ← 本文

Talk to you soon,
Misako ← 結びのあいさつと名前

*ピリオドや感嘆符、コンマの後にスペースを忘れないように

パソコン機能を活用「カタカナを入力すると英単語のスペルに変換」

Windows 標準搭載の IME のプロパティー→「辞書／学習タブ」→システム辞書の「Microsoft IME カタカナ語英語辞書」にチェックを入れれば、カタカナを入力すると英単語のスペルも変換候補に出力されます。うろ覚えの単語も素早く英語にできますよ。
*ATOK を使用している人は、カタカナを入力して [F4] キーを押すだけです。

注意）♪など、日本語辞書を使用して入力した全角の記号は、相手のマシン設定によっては文字化けすることがあります。

Column

メールでちょっとした気持ちを伝える 02

♥ I enjoyed seeing you. ……あなたと会えて楽しかった

♥ Sorry for the late reply. ……返事が遅くなってごめんね！

♥ Thanks for dinner the other night, it was awesome!
……こないだは夕飯をありがとう、すばらしかった！

♥ How have you been? ……最近、どう？（しばらく会っていない人に）

♥ It's nice to hear from you. ……連絡くれてうれしい

♥ I'm glad to hear that you enjoyed 〜.
……〜を喜んでもらえてよかった

♥ I am sorry to hear that you are not feeling well. Get well soon!
……具合が悪いのはつらいよね。お大事に！

♥ Let me know if anything I can do.
……何かできることがあったら教えて。

♥ Happy Birthday and many happy returns of the day.
……お誕生日おめでとう、今日のよき日が何度も巡ってきますように。

♥ Thanks, Take care, Talk to you soon, xoxo,
……（カジュアルな結びの言葉の例）(xoxo は kisses and hugs のこと。女性がよく使います)

♥ I wish you a happy and healthy year in〔次の年を西暦で〕
……（クリスマス時期に送るメールの結語）

Stage6

ケンカ・トラブル

―乗り越える編―
―炎上編―

- ♥浮気をする
- ♥不信感
- ♥話し合い
- ♥ケンカ
- ♥なだめる
- ♥仲直り
- ♥別れを告げる
- ♥別れる理由

CD 21

♥「ケンカ・トラブル」―乗り越える編―　ジェシカ　ヒデオ

Hey. Why didn't you answer my call?
ねえ なんで電話に出てくれなかったの？

Oh, sorry. I left my cell phone at home.
ああ ごめん
家にケータイ置いてきちゃったの

Yeah, but I have a lot on my mind. うん でも頭がいっぱいなのよ	Jessica? Are you OK? ジェシカ？ だいじょうぶ？
No, not now. 今はいいわ	Do you wanna talk about it? 話 したい？
	Let's go eat. なんか食べに行こうよ

Well... I really don't know how to say this.
あの…… どう言ったら
いいのか 本当にわからないのよ

I think you're hiding something.
なんだか隠し事が
あるみたいだね

Um... Is there someone else?
えっと…ほかに好きな人がいるとか？

Oh, god, no.
うわ それは違うわ
ガ
バッ
So...?
それで…？
I'm moving back to
Seattle in a month.
１ヶ月後にシアトルに戻るの

stage 6

What?
え？

I didn't see that one coming. But, um, congratulations.
まさかそう来るとは思わなかった
でも えっと おめでとう

I know. I'm promoted to the corporate headquarters.
そうよね
私 本社に栄転になったのよ

Oh, wow.
うわ

Look, Hideo. I like you so much, but I don't want a long-distance relationship.
ヒデオ 聞いて
あなたのことはダイスキだけど
私 遠距離恋愛はしたくないの

It's not gonna work.
うまく行くわけないわ

Don't say that.
そんなこと言わないで
スッ
Oh, Hideo.
まあ ヒデオ
We will get through this. We can find a way to work things out.
ぼくたち 乗り越えられるよ
ぼくたち 上手くいく方法を
見つけられるよ
きゅ

♥「ケンカ・トラブル」—炎上編—

オワリ

Hi, gorgeous.
やあ 美人さん

I think you have something to tell me.
何か私に話すことがあるんじゃないの？

What's wrong?
どうしたの？

ギロ

144

I know you've been cheating on me.
あなたが浮気してるの知ってるのよ

What are you talking about?
何の話をしてるんだよ？

No!
してないよ！

Me?
僕が？

Oh, that.
ああ それか

I saw you making out with a girl last night.
昨夜 女の子とイチャついてるとこ見たんだから

She kissed me.
あれは彼女がキスしてきたんだよ

Come again?
なんですって？

Not my fault.
僕のせいじゃない

OK?
ね？

Let's not make a big deal out of this.
オオゴトにしないようにしようよ

stage 6

How could you say such a thing?!!
何でそんなことが言えるのよ！

What?
なんですって？

We both were drunk.
二人とも酔っ払ってたんだよ

Loosen up.
力を抜けよ

I can't believe this.
信じられない

外で やってくれない かな

I don't think it's working out.
これって 上手く行ってるとは思えない

I wanna break up with you.
私 あなたとは終わりにしたい

What?
え？
ギリッ
エヘッ
・・・
ア
You heard me.
I've had it!
聞こえたでしょ！
もうウンザリなの！
ガッ
バッ
We are
through!
おしまいよ！
バッ
シャア
あんなに
入ってるっけ…？
Oh!
My shirt!

Love communication 06

Fighting in a relationship

ケンカ・トラブル

> I wanna break up with you.
> 私 あなたとは終わりにしたい

> Oh, Hideo.
> まあ ヒデオ

> We will get through this. We can find a way to work things out.
> ぼくたち 乗り越えられるよ どうにか うまくいく方法を 見つけられるよ

> No!
> してないよ!

> Me?
> 僕が?

Explanation ～しっかり意思表示～

母国語同士でも頭を悩ませるテーマですが、ケンカになった場合、英語しか話さない相手に〝言われっぱなし〟は悔しいもの。限られたボキャブラリーでも、言いたいことは伝えるようにしたいものです。ただ、口汚いことばを言うと、後悔するのはたいてい自分の方ということはお忘れなく(下品すぎる表現は、本書では避けてあります)。また、日本だったら芸能人がツッコミで使うような「軽く殴る」という行為は、ドメスティックバイオレンスの基準が厳しいアメリカでは〝即暴力〟ととられることもありますので要注意。

Pick Up

Is there someone else?
他に誰か(好きな人)がいるの?

恋人と深刻な話をしているとき、この表現は上記の意味になります

I left my cell phone at home.
家にケータイ置いてきちゃったの

ある場所に置き忘れた、という表現では "left" を使います。「持ってくるのを忘れた」という事実に注目したいときは、"I forgot to bring my cell phone. " と表現します。"cell phone" は "cellular phone" の略です

Come again?
何だって?

相手の言ったことに腹を立てた感じで聞きなおすときなどによく使います

鉄板フレーズ♥

…問い詰める…

★ **How could you do that to me?!**
なんでそんなことが出来るわけ？
相手の浮気が発覚したときなどに言う、典型的なセリフ

★ **I know you've been cheating on me.**
浮気してるの、知っているんだから

★ **Who was that woman?**
あの女、だれなの？

浮気をする

♥ **cheat on someone**
someoneを裏切って浮気する

♥ **have an affair at work**
職場で浮気する

♥ **two-timing**
一度に二人以上とつきあう

♥ **sleep with someone else**
つきあっている人以外と肉体関係を持つ

不信感

♥ **Where were you last night?**
昨夜、どこにいたの？

♥ **Why didn't you reply my text?**
なんでケータイメールの返事くれなかったの？

♥ **Do you have something to tell me?**
何か言うことがあるんじゃない？

♥ **I know you've been fooling around.**
あなたが浮気してるの、知ってるよ

♥ **I saw you kissing another girl.**
あなたが違う女の子とキスしてるの見たよ

話し合い

- **We need to talk.**
  僕たち、話し合いが必要だよ*
- **Please be honest with me.**
  正直に話して
- **Don't yell at me.**
  怒鳴らないでよ
- **Don't change the subject!**
  話題を変えないでよ！
- **You asked for it!**
  自分でまいた種だろう！

ケンカ

- **silent treatment**
  シカト
- **flip out**
  キレる
- **first fight**
  初めてのケンカ
- **slam the door**
  ドアをバタンと閉める
- **storm out**
  部屋を飛び出す

なだめる

- **I know you are angry.**
  君が怒っているのはわかってるよ
- **I don't blame you for being mad at me.**
  あなたが私に怒っているのもムリはない
- **I can't read your mind, so talk to me.**
  私にはあなたの心は読めないから、話してよ
- **I meant to say...**
  つまり私が言いたかったのは…

152

*つきあっている相手がまじめに "We need to talk" と言ってきたら、
二人の関係についての話し合いか、別れ話など、深刻な会話が始まると思っていいでしょう。

仲直り

- **Let's make up.**
  仲直りしよう
- **Why don't we just forget it?**
  そんなこと、忘れちゃわない？
- **Don't ever do that again, please?**
  もう二度とあんなことしないでね、おねがい
- **Let's try to work things out.**
  やり直すよう試してみようよ
- **I'm willing to give it a shot.**
  試してみることはいとわないよ

別れを告げる

- **I want to break up with you.**
  あなたと別れたい
- **Our relationship is over.**
  私たちの関係は終わりだ
- **I'm better off without you.**
  あなた抜きの方がましだわ
- **We are through!**
  私たちはもうおしまいだ！
- **I can't put up with it anymore.**
  もうガマンできない

別れる理由

- **There's someone else.**
  ほかに（好きな）人がいる
- **I just need some space.**
  少し考える時間が欲しい
- **It's not you, it's me.**
  あなたのせいじゃない、私のせいだ
- **I can't trust you anymore.**
  もうあなたのことは信じられない
- **We want different things.**
  私たちはそれぞれ違うものを求めているんだ

炎上

引き止める

Oh, come on.
Have a heart. Please give me a second chance.
ねえそんなこと言わず そこを何とかもう一度チャンスをちょうだいよ

Please, let me finish!
お願い、最後まで言わせて！

I didn't know what I was doing.
I was out of mind.
何をやってたんだか、自分でもわかってなかった
頭がどうかしてたんだ

怒る

I can't stand it! *
Oh, grow up already!
がまんできない！
いい加減に大人になりなよ！

You're driving me crazy!
あなたは私をイラつかせているのよ！
I've had it!
もう、うんざり！

You have a lot of nerve!
ずいぶんずうずうしいわね！

*"I can't stand it" "I've had it" などは決まり文句です。単語ごとに理解しようとすると意味を成さなくなるので、フレーズを丸ごと覚えてしまいましょう。

困難を乗りこえる

仲直り

謝る

I'm sorry I hurt you. I didn't mean to upset you.
傷つけてごめん
君を怒らせるつもりはなかったんだ

I shouldn't have done it. I'm so sorry.
そんなことやるんじゃなかった
ほんとにゴメン
反省しているよ

I hope you can find a way to forgive me. I swear I will never do it again.
許してくれるといいんだけど…
もう二度としないって誓うよ

許す・ヨリを戻す

That's OK. Oh, I'm sorry, too.
いいよ（気にしないで）
（申し訳なさそうな口調で言うと）
こちらこそごめんね

Apology accepted.
わかったわ（謝罪は受け付けた、という意味）
Let's try to work things out.
問題解決に向けて努力してみよう

各国の最新恋愛事情がよくわかる雑誌、雑誌サイト

各雑誌ともオンライン版があり、記事を読めるだけではなく、イメージや動画なども豊富。各国で今話題になっていることを立ち読みできます。また、記事によってはコメントを記入できるようになっているので、いろいろな人の意見を垣間見ることもできます。

注意）サイトへの登録を促す広告が多いのですが（ポップアップ方式で広告が表示されることもあります）、ゲストとしても十分楽しめます。ご自身のメールアドレスの管理は慎重に。

♥ **COSMOPOLITAN**（女性向け）流行の話題だけではなく、男女関係やSEXに関する読み物も多い雑誌。各国で発行されています。

http://www.cosmopolitan.com/（アメリカ版）
http://www.cosmopolitan.com.au/　（オーストラリア版）
http://www.cosmopolitan.co.uk/　（イギリス版）

♥ **Maxim**（男性向け）イギリスから始まり、欧米の男性に広く支持されている雑誌。セクシーな女優や歌手の記事のほか、女性を喜ばせる方法なども。
http://www.maxim.com/（アメリカ版）
http://www.maxim.com.au/　（オーストラリア版）
http://www.maxim.co.uk/　（イギリス版）

Stage 7

一緒に暮らす・同棲

―成功編―
―多難編―

- ♥同棲
- ♥返事
- ♥家事分担(頼む)
- ♥家事分担(提案)
- ♥気遣い
- ♥相手の家族に会う
- ♥金銭感覚
- ♥ライフスタイル、人生観

♥「一緒に暮らす・同棲」—成功編—

カズミ　ブライアン

ブライアンの部屋・玄関

I really enjoyed this weekend.
今週末は本当に楽しかったわ

Oh, Kazumi. I don't want you to go.
おお カズミ
行かないで欲しいなあ

Oh, Brian.
まあ ブライアン

Would you like to live with me?
僕と一緒に暮らさないかい？

I love waking up with you. 朝一緒に起きるのって素敵だわ	**Really?** 本当に？

Kazumi, I need to get some light bulbs.
カズミ
電球を買いに行かなきゃならないんだ

数ヶ月後

Could you get the laundry started?
洗濯機 スタートさせておいてくれる？

Sure.
うん

All right. By the way,
わかった ところで…

Oh, would you pick up some milk, too?
あ 牛乳も買って来てくれるかしら

わー! **I can't wait!** 楽しみね!	**My brother Ben is visiting Japan next weekend.** 弟のベンが来週末 日本に来るよ
Look who's here. ほら おでましだ	ただいま〜! / 翌週
Ben, this is Kazumi. ベン こちらがカズミさん	**My little brother Ben.** 弟のベンだよ Hi

Nice to finally meet you, Ben.
やっとお会いできて
うれしいわ ベン
I heard so many good things about you.
いろいろと良い話を伺ってますよ
ごちそーさまー
ふらっ
カチャ
カチャ
コポ コポ
M
ひょい

stage
7

Oh, don't worry, Ben.
まあ 心配いらないわ ベン

Don't let him slack off, Kazumi.
兄をなまけさせちゃダメだよ カズミ

We take turns.
交代制でやっているんだ

He is very helpful.
彼はとっても協力的なのよ

When I cook, she does the dishes.
僕が料理したら
彼女が皿洗いをしてくれる

And...
そして…

He fixes everything, and he is a great cook.
彼はなんでも修理するし
料理もすごく上手なのよ

She makes our house a home.
彼女が僕らの家を「家庭」にしてくれるんだ

10分後

CD 25

♥「一緒に暮らす・同棲」―多難編―

アマンダ　カズオ

カズオの部屋

Hi... Kazuo... Can you come over to my place? I don't feel good...
ハイ…… カズオ…… ウチに来てくれる？ 気分が良くないの…

なんだって！？

I'll be right there!
すぐにそっち行くよ！

You, OK?
ダイジョブ？
すぐ行くよ えーと

※風邪でした。

**Thanks.
You're always so nice.**
ありがと あなたはいつも親切よね

さあ えっと
There you go.
さあ どうぞ

**Do you wanna
live together?**
一緒に暮らさない？

異国で一人
心配だなあ

ちょっと天然入ってるし
…それがイイんだけど…

Aw! ああ	Oh, Kazuo. I'd love to. まあ カズオ よろこんで

	Am I having a dream? 私 夢でも見ているのかなぁ？

うん そうしようよ
一緒に暮らそう
アマンダ

数ヶ月後

Kazuo, are you gonna be late again?
カズオ 今日もまた遅いの？

Yeah.
うん

You're always at work.
いっつも 仕事 仕事なのね

Amanda... How can you afford all these shoes?
アマンダ……どうやったらこんなにクツが買えるわけ？

わー！
How many credit cards do you have?
何枚クレジットカード持ってるんだい？

I really don't know.
よくわからないの

I don't want to know... Shopping cheers me up.
知りたくない…
買い物すると気が晴れるんだもん

え〜！？
Well, how much do you owe?
えっと いくら借りてるの？

うわー！！ウソだろー？
You've gotta do something!
君 それ何とかしなくちゃ

You've gotta have a better work-life balance, then! When I'm lonely, I shop!
じゃあもっと仕事と私生活の
バランスをよくしてよ！
私 寂しいと買い物するんだもん！

あ あ 泣かないでくれよう……

でもこのままじゃなぁ。

Love communication 07

Living together
一緒に暮らす・同棲

> Hi... Kazuo... Can you come over to my place? I don't feel good...
> ハイー カズオ…ウチに来てくれる？気分が良くないの…

> You've gotta have a better work-life balance, then! When I'm lonely, I shop!
> じゃあもっと仕事と私生活のバランスをよくしてよ！私、寂しいと買い物するんだもん！

Explanation 〜毎朝、あなたと目覚めたい〜

一緒に生活を始めるとなると、今までは愛のささやきが中心だった会話に掃除洗濯、料理などの「日常生活」が入ってきます。生活のベースが二ヶ国語の世界になりますが、ことばの違いは文化の違い…ということも覚えておきたいもの。お互いにそれぞれの好みを伝えあい、歩み寄る努力は欠かせません。また、髪型やファッション、料理をほめたり、感謝の気持ちや "I love you" と伝え合うなど、日本語に訳せば照れてしまうようなことも、英語圏で生まれ育ったパートナーには頻繁に伝える必要があります。

Pick Up

There you go.
さあ、どうぞ

何かを差し出すときに使う決まり文句です。「どうぞ」という日本語から考えると "please" と言いたくなるところですが、"please" には「お願いします」というニュアンスが入ってしまうのでこのフレーズに慣れましょう

We take turns.
交代で行う

君の番だよ、は "It's your turn."、私の番だ、は "It's my turn." で表現できます

I'll be right there.
すぐ行くよ

会話相手のところに「すぐ行くよ」という感じで、用事で呼ばれた時の返事によく使われます

鉄板フレーズ♥

…ふたりで暮らしたい…

★ **I hate saying goodbye.**
さよならを言うのって大嫌い

★ **I want to be with you every night and day.**
昼も夜も一緒にいたい

★ **Would you like to live with me?**
ぼく(私)と一緒に暮らさない？

同棲

♥ **adjustment period of living together**
同棲生活に慣れるまでの期間

♥ **move in together***
一緒に暮らす、同棲する

♥ **live-in girlfriend/live-in boyfriend**
同棲している恋人

♥ **We just moved in together.**
僕たち、一緒に暮らしはじめたんだ

返事

♥ **Oh, I'd love to!**
わあ、ぜひ！

♥ **I think it's a great idea!**
すごくいい案だと思う！

♥ **Are you sure you're ready?**
本当に心の準備はできてるの？

♥ **I need to sleep on it.**
一晩じっくり考えさせてほしい

♥ **I don't know if it's a good idea.**
それって、いい案なのかどうかわからないなあ

♥ **I like the way it is now.**
このままが気に入ってるんだ

♥ **I don't want to rush into anything.**
何事も焦ってやりたくないんだ

＊ living together, move in together で同棲を表現できます

家事分担（頼む）

- **Could you get that?**
  （電話や呼び鈴などに）出てくれる？
- **What's for dinner?**
  夕飯はなに？
- **It's your turn to vacuum.**
  君が掃除機をかける番だよ
- **Can you help me open this jar?**
  この瓶詰めのフタ、開けるの手伝ってくれる？
- **Could you pick up ～ on the way home?**
  帰りに～を買ってきてくれる？

家事分担（提案）

- **I'll get it.**
  私が出るよ（電話や呼び鈴などの対応をする）
- **I'm making coffee. Do you want some?**
  コーヒーをいれてるの。飲む？
- **I'm going grocery shopping.**
  食材の買い出しに行ってくるね
- **I'll do the dishes.**
  皿洗いは私がするね
- **Let me help you with that.**
  それ、手伝わせてよ

気遣い

- **Are you all right?**
  だいじょうぶ？
- **You should stay home.**
  家にいた方がいいよ
- **Is there anything I can do for you?**
  何か私にできることある？
- **Let me make you all comfortable.**
  心地よくしてあげようね
  「あなたは何もしなくてもいいよ」というニュアンス
- **Can I get you something to eat?**
  何か食べるもの持ってこようか？

相手の家族に会う

- ♥ **Nice to finally meet you.**
  とうとうお会いできてうれしいです
- ♥ **I was looking forward to meeting you.**
  お会いするのを楽しみにしたんですよ
- ♥ **I've heard all about you.**
  あなたについていろいろ伺っています
  "rumor"（うわさ）には「あることないことひっくるめたうわさ」というニュアンスがあるので、このフレーズで
- ♥ **He/She told me you're a very good cook.**
  彼／彼女があなたは料理上手だと言っていました
- ♥ **He/She is very nice to me.**
  彼／彼女はとてもよくしてくれるんです（自分の恋人を指して）

金銭感覚

- ♥ **generous**
  気前がよい
- ♥ **big spender**
  金遣いの荒い人
- ♥ **thrifty**
  倹約的な
- ♥ **bargain shopper**
  バーゲンで買い物をする人
- ♥ **stingy**
  ケチ

ライフスタイル・人生観

- ♥ **You're a workaholic.***
  あなたは仕事中毒だ
- ♥ **Family comes first.**
  家族は何においても優先だよ
- ♥ **I used to be a procrastinator.**
  昔は先送り人間だったんだ
- ♥ **You're a perfectionist.**
  あなたは完ぺき主義だ
- ♥ **I want to improve my work-life balance.**
  仕事と生活のバランスを改善したい

---

*「仕事を一生懸命する」など、悪い印象を含まない表現には "hard worker"「働き者」や "have a good work ethic"（仕事に対し良い心構えがある）などがあります。

faucet 蛇口
microwave oven 電子レンジ
ladle おたま
spatula フライ返し
kitchen sink シンク
knife 包丁
cutting board まな板
pan/pot フライパン、深鍋
dining table 食卓
table legs テーブルの脚

Yikes! 大変！

♥家事分担

clean the house
家の掃除をする
take out the garbage
ゴミを出す
do the dishes
食器を洗う
water the plants
植木に水をやる
do the laundry
洗濯をする
fold the laundry
洗濯物をたたむ

174

ふたりで暮らす

fridge, refrigerator 冷蔵庫

cabinet 戸棚

outlet コンセント

freezer 冷凍庫

flash light 懐中電灯

television, TV set, TV テレビ

hardwood floor フローリングの床

drawer 引き出し

remote control リモコン

dresser 引き出し式のタンス
鏡台と限定しているわけではない

upholstery イスの布張り部分

Are you okay? ダイジョブ？

tool box 道具箱

pliers ペンチ

wrench スパナ
スパナはイギリス英語の "spanner" なので通じるが、アメリカ英語では "wrench" の方が良く使われる

screw ねじ

screwdriver ドライバー（ねじ回し）
"driver" では運転手という意味になってしまうので略しません

各国の最新恋愛事情がよくわかる
ネットメディア

オンラインの相談サイトには、さまざまな悩みとアドバイスのやりとりが毎日追加されています。「今のデート相手が運命の人だって、どうやってわかるもの？」「彼氏が浮気しているみたいでつらいの。助けて！」「同棲し始めたら、彼女は散らかし魔と発覚。どうしよう」「週末、彼女が家に遊びに来ることに。簡単でゴージャスな料理を教えて！」などなど。質問も回答も気楽なおしゃべり言葉で掲載されているので、実際に使える表現がたくさん見つかるはずです。

♥ **Yahoo! Answers…** 日本でも Yahoo! 知恵袋がありますね。米国版では、恋愛関係は Family & Relationships のカテゴリーに掲載されています。若者に人気。▶ http://answers.yahoo.com/

♥ **Answers.com…** こちらも大手の質問サイト。恋愛関係は Relationships のカテゴリーに掲載されています。▶ http://www.answers.com/

♥ **About.com…** のデート専門カテゴリー▶ http://dating.about.com/ 専門の「ガイド」が指南するガイドサイトのデートカテゴリー。

♥ **Askmen.com…**（男性向け）女性と出会う方法、モテる方法、相手を喜ばせる方法など恋愛関係の最新情報満載。▶ http://www.askmen.com/

Epilogue
プロポーズ

―成功編― ―多難編―
―まったり編―
―まだまだ編―

- ♥ プロポーズ
- ♥ リアクション
- ♥ 友人に伝える
- ♥ 結婚式前のイベント
- ♥ 結婚式
- ♥ マリッジブルー
- ♥ 結婚・家族
- ♥ 子どもについて

CD 27
♥「プロポーズ」ー成功編ー

ジェシカ　ヒデオ

シアトルタコマ国際空港

Hideo!
ヒデオ！

Jessica!
ジェシカ！

You really came to Seattle... for me.
Oh, how much I've missed you!
本当にシアトルまで来てくれたのね……私のために
ああ どれほど会いたかったことか！
I've missed you, too.
I brought something from Japan.
日本から持ってきたよ
ガサ
Wow! You're the best!
わあ あなたって最高！

Epilogue

Oh? え？	**And there's one more thing for you.** もう一つ 君に渡すものがあるんだ

I wanted to wait for this until tonight, but…
夜まで待ちたかったんだけど…

Being away from you made me realize that I never want to be without you again.
離れている時間に
もう二度と
離ればなれになりたくない
って気がついたんだ

キラ

Jessica, will you marry me?
ジェシカ 僕と結婚してくれますか？

Yes,
ええ

Oh, Hideo!!
まあ ヒデオ！

yes, I will!!!
ええ イエスよ！

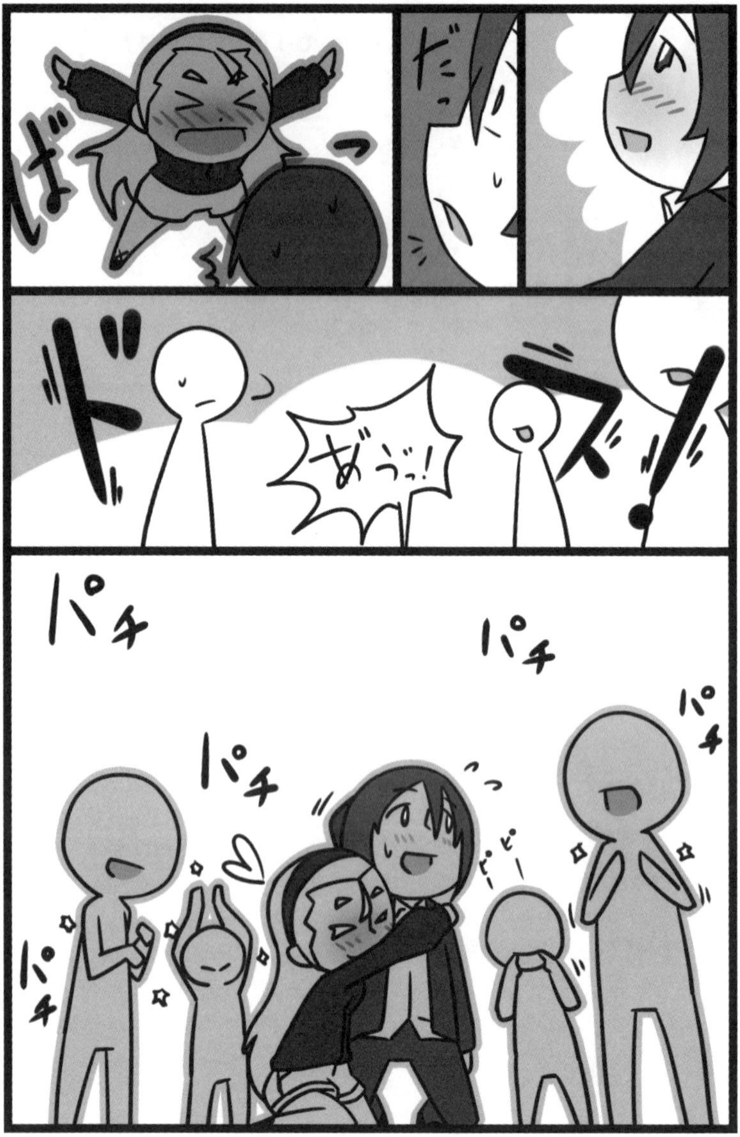
ばっ
だっ
ドッ
ズッ!
あうっ!
パチ
パチ
パチ
パチ
パチ
ピーピー

♥ 「プロポーズ」―多難編―

カズミ　ブライアン

Looks like I'm being transferred to a new branch in London.
新しくできたロンドン支社に転勤になるみたいなんだ

What? When do you need to go?
え？
いつ行かなくちゃいけないの？

I don't know the exact date yet, but Kazumi, this is what I know for sure.
正確な日にちはまだわからないんだ
でもカズミこれだけはわかっているんだ

I love you so much.
愛してるよ

**Wha....
what?**
な……なに？

**I want you to come with me...
I can't think of life without you.**
君に一緒に来て欲しいんだ……
君のいない人生なんて考えられない

**Kazumi, I love you more than
I can ever explain in words.
I want to spend the rest of my
life with you.**
カズミ 言葉では説明しきれないほど
愛している
僕は君と一生一緒にいたいんだ

**Oh, Brian.
I love you, too.
I want to be with you, too.
But, um, what about my job,
friends and family?
I can't decide at once.**
まぁ ブライアン
私も愛しているわ
あなたと一緒にいたい
でも えっと 私の仕事とか友だちとか家族のことは？
すぐには決められないわ

I know I'm asking you a lot.
君にずいぶんなことを要求しているのは
わかっているよ

**There is a lot to
think about, Brian.**
いっぱい考えることが
あるのよ ブライアン

**I understand completely.
Let's talk about it. I want you to be happy.**
それはすごくよくわかる
いっしょに話し合おう 君には幸せでいてほしい

♥「プロポーズ」ーまったり編ー

We've been great together.
ぼくたち 一緒にいて良い感じだよね
そう思わない？

Yeah.
うん

うん だからね
えっとだね
You and I... should.. um
君と僕は……えっと…

I shop less and you spend more time with me.
私は買い物を減らしたし あなたはもっと一緒にいてくれるし

Kazuo. You're not asking me to marry you, are you?
あなた 結婚を申し込んでるってわけじゃないわよね

Well... うーんとだね
What do you think?
You and me...
子ども… **children...** どう？
えっと… どう思う？
君とぼく それに子ども……

We could get a dog or two... We'll be a happy family!
犬を1〜2匹飼うのもいいねえ…
きっと幸せな家庭になるよ！

Now that's romantic!
な〜んてロマンチックなのかしら！

Does that mean yes?
それって イエスってこと？
I love kids. Boys or girls, I don't care. I want to start a family soon.
子どもダイスキ
男の子でも女の子でもかまわないわ
早く子どもが欲しいもの
ガタッ
You have to learn how to be romantic,Kazuo.
あなたはもっとロマンチックになるよう
学ばなくちゃね カズオ
婚約指輪を
お求めなら～
But I love you.
でも愛してるよ

♥「プロポーズ」－まだまだ編－

CD 30

エイコ　アンドリュー

都内の結婚式場

they did it, huh?
彼らはとうとうやったね

Hey, Andrew.
まあ　アンドリュー

Hey, pretty.
やあ　美人さん

You know me, I'm everywhere. Oh, this is Kelly.
知ってるだろ
僕は神出鬼没さ
あ こちらケリー

I didn't know you were here.
あなたが来てるなんて
知らなかった

Right. You are close to Kazumi. So, how have you been?
そうか
君 カズミと仲良いもんね
ところで その後どうしてた？

It was a beautiful wedding. I'm glad Brian found a job in Japan.
すてきなウェディングだったわ
ブライアンが日本で仕事を
見つけてよかった

Wow, congratulations.
ワオ おめでとう

Over there. We are getting married next spring. あっちよ 来春結婚するの	**Who is the lucky guy?** ラッキーな男はだれだ？

How about you?
あなたの方は？

Oh, same old, same old. Not interested in a serious relationship yet.
相変わらずだよ
まだ真剣なつきあいには関心がないんだ

Love communication Epilogue — Marriage proposal
プロポーズ

> yes, I will!!!
> ええ イエスよ！

Explanation 〜あなたと結婚したい〜

二人の気持ちが高まったところで、結婚の約束を交わすプロポーズ。男性が片ヒザをついての "Will you marry me?" は映画のワンシーンだけではなく、一般のカップルでもよく行われます。プロポーズの方法や場所には男性が真剣に頭を悩ませることが多く、結婚式については女性が主役になって…というのが一般的です。バージンロードやマリッジブルーなど、英語には存在しなかったり、元の意味とは違った和製英語になっているものも多いので、注意しましょう。

Pick Up

I want you to come with me.
君に一緒に来てほしいんだ

"I want + 人 + to 〜 " の形で、「人に〜をして欲しい」という表現ができます

They did it.
（彼らは）やりとげたね

結婚を祝う場などで言えば、「彼らは結婚までこぎつけたね」という意味になります

Oh, same old, same old.
相変わらずだよ

「最近、どう？」などと聞かれたときによく使われます。"It's the same old, same old"（いつものとおり、「相変わらず」なんですよ）の略です

鉄板フレーズ♥

…プロポーズ…

★ **Will you marry me?***
結婚してくれますか？

★ **I wanna grow old with you.**
一緒に歳を重ねていきたい

★ **You mean everything to me.**
君は僕にとっての全てなんだ

プロポーズ

♥ **pop the question**
結婚を申し込む "propose" の気軽な口語

♥ **get down on one knee**
片ヒザをつく
男性がプロポーズをするときの典型的な姿勢

♥ **I'd be lost without you.**
君なしではやっていけない

♥ **Will you be my wife (husband)?**
私の妻(夫)になってくれますか？

♥ **I wanna spend the rest of my life with you.**
残りの人生をすべて君と一緒に過ごしたい

リアクション

♥ **Yes, I will.**
ええ、するわ(結婚承諾の決まり文句)

♥ **How did I get to be so lucky.**
どうやってこんなに幸運に恵まれたんだろう

♥ **I'm not ready to settle down yet.**
まだ、落ち着く準備はないんだ

♥ **I haven't thought about marriage yet.**
まだ、結婚のことを考えたことはない

♥ **I love you but I can't marry you.**
愛しているけれど、結婚はできないわ

---

* プロポーズの定番のセリフです。このセリフの先頭に彼女の名前をつけて、Jessica, will you marry me? が最もよく使われる表現です

友人に伝える

- **We've gotten engaged!**
  婚約したよ！
- **He proposed to me!**
  彼がプロポーズしてきたの！
- **I'm engaged to the love of my life!**
  生涯の恋人と婚約したの！
- **He is my fiancé.**
  彼が私の婚約者です
- **She is my fiancée**
  彼女がぼくの婚約者です
  女性の婚約者は "fiancée"、男性の婚約者は "fiancé" ですが、発音は同じです

結婚式前のイベント

- **engagement party**
  婚約パーティ
- **bachelor party**
  花婿と男友達が独身最後の自由を楽しむパーティ
- **bachelorette party**
  花嫁と女友だちが独身最後の自由を楽しむパーティ
- **bridal shower**
  花嫁の友人と家族が計画して、花嫁にギフトを贈るパーティ
- **rehearsal dinner**
  リハーサルディナー
  （結婚式前日に親しい人を招いて夕食をとるしきたり）

結婚式

- **traditional wedding**
  伝統的な結婚式
- **civil ceremony**
  宗教的儀式のない人前結婚式
  アメリカでは、市庁舎で判事が結婚手続きをします
- **big wedding**
  盛大な結婚式（派手婚）
- **small wedding**
  質素な結婚式（地味婚）
- **shotgun wedding**
  できちゃった婚*

"shotgun wedding" とは、かつて、結婚前に妊娠した女性の父親が激怒し、相手の男性をショットガンで脅して結婚を迫ったことに由来しています。

マリッジブルー

- **cold feet**
  大きなイベントを前におじけづく
- **second thought**
  考えなおす
- **marriage blues / post-wedding blues**
  結婚式の後に感じる気の滅入り
- **pre-wedding blues**
  結婚式前の気の滅入り
  和製英語の「マリッジブルー」はこの状態を指します
- **call off the wedding**
  結婚を取りやめにする

結婚・家族

- **spouse**
  配偶者
- **father-in-law**
  義理の父
- **mother-in-law**
  義理の母
- **sister/brother-in-law**
  義理の姉妹／兄弟
- **maiden name**
  旧姓

子どもについて

- **I want a big family.**
  大人数の家族がいいな
- **I want a small family of my own.**
  少人数の家族がいい
- **twins/triplets**
  双子／三つ子
- **When do you want to start a family?**
  子どもはいつごろ欲しい？
- **My biological clock is ticking.**
  子どもが産めなくなる年齢が近づいている

♥結婚式に関する単語

wedding ceremony 結婚式
wedding reception 結婚披露宴
aisle 教会の入り口から祭壇までの通路
*バージンロードは和製英語
wedding ring 結婚指輪
"marriage ring" や "marriage band" とも

toast 乾杯

center piece
テーブルの中心に置く飾り

guest table
招待客用のテーブル

fiancé 婚約者（男性）
groom-to-be とも言う

fiancée 婚約者（女性）
bride-to-be とも言う

bouquet toss
披露宴の最後に花嫁がブーケ
を投げる儀式
片手でブーケを受け取った女性は
次に結婚すると言われています

結婚披露宴

cake cutting ケーキカット

wedding speech
結婚のお祝いスピーチ

bride / groom 新婦／新郎

newly weds
新婚さん

first wedding dance 新郎新婦の初めてのダンス
欧米の結婚披露宴では食事が終わったころ新郎新婦がダンスを始め、
続いて招待客も混ざって踊る

最後までお読みくださってありがとうございました。国際恋愛にまつわるさまざまなエピソードやフレーズ、個性的なマンガキャラクターたちの活躍を楽しんでいただけましたか？ どのエピソードも、名前や場所は変えてありますが、実話を元に構成しているお話ですので、自然なフレーズをたくさんご紹介できました。みなさんには、本書で紹介したフレーズや単語の中から、気に入ったものや、すぐに使えそうなものを選んで、早速試していただければうれしく思います。

「間違えるのが怖くておっくうだ」というお気持ちはよくわかります。私も、ずいぶん長いこと似たような感覚を抱えていました。でも、私が尊敬する英語講師は「英語で間違った表現をするのは、あなたは英語以外の言語を母国語としている偉大な冒険家だ、と証明しているのよ。もっと自信をもって、胸を張って間違えなさい」と言ってくれました。そうです。私たちは世界でも難しい言語として有名な日本語を扱う猛者なのです。第二言語として英語を扱うのは、胸を張れることがらなのです。「間違いを指摘されたら言い直せば良いし、わからなければ聞けばよい。もし、万が一、そんなことで自分を笑うような相手がいたら、そんな失礼な人はこちらの方からおつきあいをお断り！」と、堂々と英語を使って意思表示をする態度を身につけてみてください

198

いね。

本書をきっかけに「英語を勉強する」から「英語で何かをする」と方向転換をしていただければうれしく思います。さまざまな出会い、会話、恋愛の道のりを楽しみながら、みなさんの国際恋愛が、本当に実り多いものになりますように。

最後になりましたが、貴重な時間を割いてインタビューに応じてくださった、自然な英語フレーズ満載のサイト『PhraseMix.com』主催のアーロン、カナダの英語教師メラニー先生、日本在住の英語教師ネイト先生、フランスで英語学習教材『Edulang』を開発中のブラッド、オーストラリアでビジネスを営む親友あきちゃん、オーストラリアのタウンズビルで留学生のお世話をしている和代さん、それから英文フレーズの提供と校正をしてくださったリンダさん、ピーター氏、その他本書に携わってくださったスタッフの方々、すてきなマンガに仕上げてくださった佐藤政さん、総合法令出版編集部の田所陽一さん、デザイナーの土屋和泉さんに心からの感謝のことばを送ります。

そして、大海原を航海中のマグロ漁船乗り、最愛の夫に本書をささげたいと思います。

文：ヨーク水砂子

2000年から海外放浪一人旅、2004年からは生活拠点を英語圏に移動。遠洋マグロ漁船に乗るアメリカ人と遠距離恋愛の末、国際結婚。2008年、外国語としての英会話教授法TEFLの認定講師となる。また、英語学習者のための役立ちサイト『オンラインで楽しく英会話上達・オンタノ』はリピーター読者が多く、気楽な口調で説明する「おしゃべりのための英文法」が特に人気。Twitterを通して世界中の英語講師との交流を深め、英語ネイティブ講師と日本人生徒の橋渡しも務める。現在はワシントン州西部のトーストマスターズ（英語のスピーチを通してコミュニケーションスキルとリーダーシップスキルを育てる組織）のクラブメンバーとして、英語スピーチコンテストに積極的に参加、活動範囲を拡大中。

『オンラインで楽しく英会話上達・オンタノ』
http://easykaiwa.seesaa.net/

マンガ：佐藤 政

1991年生まれ。宮城県気仙沼市出身。アミューズメントメディア総合学院キャラクターデザイン学科卒業後、イラストレーター・マンガ家として活躍中。

scenario&text: Misako Yoke
comic: Masashi Sato
cover design&editorial design: Tsuchiya Izumi
Special Thanks:
Sarah, Jennie, Melanie (www.englishteachermelanie.com/), Aaron Knight (www.phrasemix.com/), Nate Hill (tweetspeakenglish.com/), Brad Patterson (http://www.edulang.com/en/), Aki-chan&Steven, friends and my beloved husband

---

マンガで楽しく学べる
ネイティブにちゃんと伝わる英語フレーズ

2016年9月4日 初版発行

著者	ヨーク水砂子
発行者	野村 直克
発行所	総合法令出版株式会社
	〒103-0001
	東京都中央区日本橋小伝馬町15-18
	ユニゾ小伝馬町ビル9階
	電話　03-5623-5121
印刷・製本	中央精版印刷株式会社

ⓒ Misako Yoke 2016 Printed in Japan　ISBN978-4-86280-519-5
落丁・乱丁本はお取替えいたします。
総合法令出版ホームページ　http://www.horei.com/
本書の表紙、写真、イラスト、本文はすべて著作権法で保護されています。
著作権法で定められた例外を除き、これらを許諾なしに複写、コピー、印刷物やインターネットのWebサイト、メール等に転載することは違法となります。

視覚障害その他の理由で活字のままでこの本を利用出来ない方のために、営利を目的とする場合を除き「録音図書」「点字図書」「拡大図書」等の製作をすることを認めます。その際は著作権者、または、出版社までご連絡ください。